RENÉ A. SPITZ

Die Entstehung der ersten Objektbeziehungen

Mit einem Geleitwort von

Anna Freud

Dritte Auflage

ERNST KLETT VERLAG

STUTTGART

BEIHEFT ZUR PSYCHE

———

Die ursprüngliche Fassung des vorliegenden Werkes wurde vom Autor in französischer Sprache geschrieben und erschien 1954 unter dem Titel »Genèse des premières relations objectales« in Revue Française de Psychanalyse, Presses Universitaires de France.
Eine neubearbeitete, zweite Auflage erschien im selben Verlag unter dem Titel »La première année de la vie de l'enfant«.
Weitere Ausgaben erschienen in englischer, italienischer, japanischer, portugiesischer und spanischer Sprache.
Die deutsche Übersetzung besorgte unter Mitarbeit des Verfassers Ursula Seemann.

Dritte Auflage 1973
Über alle Rechte der deutschen Ausgabe verfügt der
Ernst Klett Verlag, Stuttgart
Fotomechanische Wiedergabe nur mit Genehmigung des Verlages
Druck: Omnitypie Gesellschaft, Stuttgart
Printed in Germany 1973
ISBN 3-12-907140-7

INHALTSVERZEICHNIS

GELEITWORT

Dr. Spitz' eingehende Schilderung der Gefühlsbeziehungen zwischen Säugling und Mutter ist für einen weiteren Leserkreis bestimmt als sonstige psychoanalytische Veröffentlichungen. Mutter und Pflegerinnen sollten, auch ohne Vorkenntnisse, keine Schwierigkeit haben, der klaren, einfachen, durch Bilder belebten Sprache des Autors zu folgen; akademische Psychologen mögen sich von der Exaktheit seiner Beobachtungen, den Filmaufnahmen und Tests angezogen finden; Analytiker und Kinderanalytiker schließlich werden sich auf dem Boden seines theoretischen Denkens heimisch fühlen und viele werden bereit sein, ihm auf seinem Weg zur Erforschung der so schwer zu fassenden Vorgänge der menschlichen Frühzeit zu folgen.

Dr. Spitz nimmt im Verlauf seines Buches Stellung zu einer Reihe von Fragen, die heute innerhalb der Psychoanalyse Gegenstand lebhafter Polemik sind. Er empfiehlt z. B. zum Studium des ersten Lebensjahres die Anwendung direkter Beobachtung, im Gegensatz zu all jenen analytischen Autoren, die es vorziehen, die Entwicklungsvorgänge auf Grund der Analyse späterer Phasen zu rekonstruieren. Seine direkten Beobachtungen von Hospitalismus und anaklitischer Depression bei Säuglingen haben tatsächlich viel dazu beitragen, um den Wert der direkten Beobachtung auch manchen Zweiflern unter den Analytikern vor Augen zu führen.

In der Beurteilung der kindlichen Persönlichkeit vor Entwicklung des Sprachvermögens steht Dr. Spitz im Gegensatz zu all jenen analytischen Autoren, die schon dem Säugling ein kompliziertes Seelenleben zuschreiben, in dem Phantasien, Triebkonflikte, Schuld- und Wiedergutmachungsgefühle eine Rolle spielen. Wie auch andere Autoren vertritt er die Auffassung von einem ursprünglich undifferenzierten Stadium mit schrittweiser Entwicklung von Funktionen, Triebdifferenzierungen, Strukturierung, d. h. von allmählicher Entwicklung der seelischen Vorgänge auf einem Unterbau von physiologischen Prozessen. Derselbe Gedanke eines langsamen Fortschrittes von primitiven zu komplexen Formen beherrscht auch das Hauptthema des Buches, die Entstehung der ersten Objektbeziehungen. Hier findet er sich im Widerspruch zu der von anderen analytischen Richtungen vertretenen Theorien von der, von Geburt an vorhandenen, primären Objektbindung des Säuglings an die Mutter.

Bei Besprechung der pathologischen Folgen der frühen Mutter-Kind-Beziehung macht Dr. Spitz schließlich weitgehende Annahmen in der Zurückführung spezifischer psychotoxischer Störungen des Kleinkindes auf spezifische emotionelle Störungen der Mutter, eine kühne Hypothese, die aber, zum Bedauern des analytischen Lesers, nur auf Beobachtung, nicht auf Analyse der mütterlichen Persönlichkeiten beruht.

––––––––––

Wir hören nicht selten Klagen über den Mangel an ausführlichen, systematischen Darstellungen der Probleme der normalen Entwicklung von analytischer Seite. Dr. Spitz' wertvolle Studie füllt in dieser Beziehung eine seit langem bestehende Lücke.

Anna Freud

VORWORT ZUR ERSTEN AUFLAGE

Die folgende Studie ist eine psychoanalytische. Sie gründet sich auf die Theorien Sigmund Freuds. Die speziellen Gedankengänge, die mich zu meinen Forschungen anregten, veröffentlichte Freud im Jahre 1905 in seinen „Drei Abhandlungen zur Sexualtheorie". In dem zweiten Teile dieses Werkes ist der gedankliche Rahmen niedergelegt, den ich im Laufe vieljähriger Beobachtungen an mehreren hundert Säuglingen bestätigen konnte. Das Genie formuliert jene schöpferischen Gedanken, welche den Stoff für die wissenschaftliche Tätigkeit mehrerer Generationen von Schülern liefern; die Theorien des Meisters werden bestätigt, ausgebaut und angewendet. Es erfüllt mich mit tiefer Genugtuung, daß ich mit Hilfe der Methode direkter Beobachtung an dem von meinem Lehrer Sigmund Freud begründeten Werke habe mitarbeiten dürfen.

New York, Juni 1956.

VORWORT ZUR ZWEITEN AUFLAGE

Daß so kurze Zeit nach Erscheinen der ersten Auflage eine zweite notwendig wird, ist uns eine besondere Freude. Wir wollen aber nicht versäumen, das Verdienst des Verlages Klett an diesem Erfolg dankbar hervorzuheben. Die freundliche Aufnahme dieses Büchleins ist nicht zuletzt der regen Bemühung des Verlages um seine Verbreitung zu verdanken.
Die neue Auflage unterscheidet sich in wesentlichen Punkten von der vorhergehenden. Sie ist bereichert um ein schönes, anerkennendes Vorwort Anna Freuds, das ich als persönliches Geschenk empfinde; dem Leser vermittelt es ihre Stellungnahme zu meinen Studien.
Der Text wurde weitgehend revidiert und durch ein Kapitel erweitert. In diesem habe ich die Fortschritte, die meine Arbeit inzwischen gemacht hat, kurz dargestellt.

Denver, Dezember 1959   *René A. Spitz*

I. THEORETISCHE EINFÜHRUNG [1]

Seit der Einführung der Ich-Psychologie steht das „Objekt" im Mittelpunkte der psychoanalytischen Forschung. Bereits im Jahre 1905 hat Freud in den „Drei Abhandlungen zur Sexualtheorie" (1905) den Begriff der Objektwahl eingeführt. Allerdings ist dies die einzige Stelle seines Werkes, wo er intensiv auf die Wechselbeziehungen zwischen Mutter und Kind, zwischen Subjekt und Objekt, eingeht. Er kam später nie mehr auf dieses spezifische Thema zurück. An den zahlreichen Stellen, wo er sich mit dem Objekte der Libido befaßt, geschieht es immer vom Standpunkte des Subjektes. Er spricht dann von Objektbesetzung, von Objektwahl, von Objektfindung, aber nicht mehr von Objektbeziehungen.

Es sind gerade diese wechselseitigen Beziehungen zwischen Mutter und Kind, mit denen wir uns im folgenden befassen werden. Wir werden unsere Ausführungen über den Beginn, über die Stadien, über die Entwicklung, über die dynamischen Aspekte und über die Anomalien der Objektbeziehungen einerseits auf unsere unmittelbaren direkten Beobachtungen von Säuglingen, andererseits auf die an Säuglingen durchgeführten Experimente stützen. Es wird ferner der Versuch gemacht werden, die Bedeutung dieser Beziehungen für die Erhaltung des Lebens sowie für die körperliche und die seelische Entwicklung des Kindes klarzustellen.

Der größte Teil des ersten Lebensjahres ist der Schaffung und dem Ausbau jener Vorkehrungen gewidmet, welche bestimmt sind, die Selbsterhaltung zu sichern. Freud erinnert uns immer wieder, daß der Säugling während dieser Lebensperiode unfähig ist, aus eigener Kraft zu existieren. Diese Hilflosigkeit des Säuglings wird durch den Schutz und die Pflege der Familie und der Umwelt wettgemacht. In dem Maße, in welchem der Säugling im Laufe des ersten Lebensjahres seine eigenen Möglichkeiten entwickelt, wird er von der Hilfe der Umwelt unabhängig. Diese Entwicklung muß sich naturgemäß teils im physischen, teils im psychischen Bereich abspielen. Wir werden uns im folgenden auf den psychischen Bereich beschränken. Fortschritt und Entwicklung im Psychischen sind ganz wesentlich von der Herstellung der Objekt- oder sozialen Beziehungen abhängig.

In meinen Untersuchungen und bei der Deutung ihrer Ergebnisse habe ich mich gewisser Grundannahmen und Begriffe der psychoanalytischen Theorie bedient. Jedoch habe ich mich — und das sei hier besonders betont — jeglicher Hypothese über das Vorhandensein intrapsychischer Vorgänge beim

[1] An dieser Stelle möchte ich Herrn W. Godfrey Cobliner, M. A. (New York) für seine Hilfe sowohl bei der Formulierung der Begriffe wie auch bei der undankbaren Aufgabe der stilistischen Korrektur und der Aufstellung der Bibliographie danken.

Kinde unmittelbar nach der Geburt enthalten. Gemäß der Auffassung Freuds gibt es zum Zeitpunkt der Geburt keine Denk-Vorgänge. Diese Ansicht wurde von allen, die sich mit Neugeborenen experimentell oder beobachtend beschäftigt haben, bestätigt. Dasselbe gilt auch für Vorstellung, Empfindung, Wahrnehmung und Willensäußerung. Der Säugling befindet sich zur Zeit der Geburt in einem undifferenzierten Zustand. Im Grunde genommen, könnte man von einer undifferenzierten Masse sprechen, aus welcher sich sukzessive die verschiedenen Funktionen, ja sogar die Triebe herausdifferenzieren — und zwar durch zwei voneinander verschiedene Prozesse. Wir werden (wie übrigens auch Hartmann, Kris und Loewenstein) den einen dieser Prozesse der Reifung, den anderen der Entwicklung zuordnen und diese beiden Begriffe weiter unten definieren.

Ich möchte nicht unerwähnt lassen, daß unsere Formulierung über den undifferenzierten Zustand des Neugeborenen auch beinhaltet, daß es zu dieser Zeit noch kein Ich gibt, zumindest in dem Sinne, in welchem wir diesen Begriff im allgemeinen anwenden. Dies ist eine Feststellung, welche von Freud in seiner Studie „Das Ich und das Es" ausdrücklich gemacht wurde. Selbstverständlich folgt aus diesen prinzipiellen Erwägungen, daß im Säuglingsalter noch viel weniger von einem Ödipuskomplex oder einem Über-Ich die Rede sein kann. Ebenso gibt es weder ein Symbol-Denken noch eine Symbol-Deutung. Symbole sind an den Erwerb der Sprache gebunden. Die Sprache ist jedoch während des ersten Lebensjahres noch nicht vorhanden. Auch die Abwehrmechanismen fehlen, zumindest in der uns von der Literatur her bekannten Form. Während des ersten Lebensjahres können wir lediglich ihre Vorläufer andeutungsweise wahrnehmen und zwar mehr in einer physiologischen als in einer psychologischen Form. Es sind dies sozusagen die physiologischen Prototypen, auf deren Basis die Psyche später ein ganz andersartiges Gebäude errichten wird (Freud, 1926).

Wir wollen nun kurz die wesentlichen Begriffe, Prinzipien und Theorien erwähnen, welche in unserer Untersuchung des ersten Lebensjahres Anwendung finden sollen.

1. Die Reifung: Der Ablauf phylogenetisch festgelegter Vorgänge in der Art, in der Embryonalentwicklung oder als Anlagen.

2. Die Entwicklung (statt dieses Begriffes wird oft der Ausdruck „Wachstum" verwendet, was meiner Meinung nach nur zu Mißverständnissen führen kann) ist das Auftreten von Funktionsformen und Verhaltensweisen, die das Ergebnis der Wechselwirkung zwischen dem Organismus einerseits und dem inneren und äußeren Milieu andererseits sind.

3. Die beiden für die psychischen Funktionen grundlegenden Begriffe Freuds: a) das Lustprinzip und b) das Realitätsprinzip (1911).

4. Die Unterteilung des Psychischen in Bewußtes und Unbewußtes, im deskriptiven Sinn.

5. Der topische Gesichtspunkt, das heißt die Unterteilung des psychischen Apparates in die Systeme Ubw, Vbw, Bw.

6. Der Gesichtspunkt der strukturellen Instanzen, d. h. die Unterteilung des psychischen Apparates in Es, Ich und Über-Ich. Halten wir fest, daß der Begriff des Über-Ichs im ersten Lebensjahr noch nicht anwendbar ist.

7. Der metapsychologische Gesichtspunkt, der in den topischen, dynamischen und ökonomischen Aspekt zu unterteilen ist.

8. Der dynamische Aspekt beinhaltet nicht nur die Unterteilung der psychischen Energie in Libido und Aggression, sondern auch den Begriff verschiebbarer Besetzungen psychischer Energie.

9. Die Entwicklungsstadien der Libido, ein Begriff, der mit dem weiter unten definierten genetischen Gesichtspunkt eng zusammenhängt.

10. Die erogenen Zonen, ein Begriff, in welchem Physiologie und phylogenetische Anlage eine zentrale Rolle spielen.

11. Die Hypothese Freuds (1905) über die Rolle der Ergänzungsreihen in der Neurosenverursachung. Nach meinem Dafürhalten ist diese Hypothese nicht nur für das Verständnis der Neurosenverursachung, sondern auch für das Verständnis aller anderen Phänomene der menschlichen Psychologie anwendbar. Alle psychischen Phänomene sind das Resultat einer Wechselwirkung zwischen angeborenen Anlagen und Umwelteinflüssen.

12. Der genetische Gesichtspunkt: Er besagt, daß jedes psychische Phänomen dem Gesetz der Kausalität unterliegt und daß seine Entstehung kausal zu erforschen sei. In unseren speziellen Untersuchungen ist der genetische Gesichtspunkt der Leitgedanke; er führt uns bis an den Moment der Geburt zurück und verpflichtet uns, das Wesen der angeborenen Anlagen zu untersuchen.

1. Die angeborenen Anlagen

Schon bei der Geburt ist ein jeder von uns sowohl in dem, was bereits von ihm vorhanden ist, wie auch in der Anlage von jedem anderen Individuum verschieden. Das, was uns zum einzigartigen Individuum macht, möchte ich als die „congenitale Apparatur" bezeichnen, mit welcher das Neugeborene ausgestattet ist. Diese Ausstattung läßt sich dreifach unterteilen:

1. Vererbte Anlagen, durch Gene und Chromosomen bestimmt.

2. Intrauterine Einflüsse während der Schwangerschaft.

3. Einflüsse, die während des Geburtsvorganges selbst wirksam werden.

Wir wollen diese drei Elemente an einigen einfachen Beispielen veranschaulichen. Die ererbten Anlagen setzen sich aus so selbstverständlichen Elementen zusammen, wie etwa der Tatsache, daß wir mit zwei Beinen, einem Mund und zwei Augen geboren werden. Gleichzeitig aber sind in diesen ererbten Anlagen auch weniger augenscheinliche Elemente enthalten, wie etwa die Gesetze und Abfolgen der Reifung. Diese letzteren bedeuten nicht nur die fortschreitende Entfaltung von Organen und Funktionen, sondern auch die nicht umkehrbare Abfolge von Phasen, die die Organe und Funktionen durchschreiten müssen. Das gilt sowohl für das Physiologische wie für das Psychologische in gleicher Weise. Im Verlauf der Zahnung gehen den bleibenden Zähnen die Milchzähne ebenso voraus, wie das orale Stadium dem analen und dieses wiederum dem phallischen vorausgeht.

Als Beispiel für das zweite Element der kongenitalen Apparatur, die intrauterin erfolgten Einflüsse, können wir die Entdeckung nennen, daß eine Rubeola-Infektion der schwangeren Frau einen destruktiven Einfluß auf den optischen Apparat des Foetus haben kann.

Schließlich die Einflüsse während des Geburtsvorganges: Verletzungen des Kindes während der Entbindung sind zur Genüge bekannt. Darüber hinaus ist jedoch neuerdings eine Anzahl von Untersuchungen, besonders von Windle (1950), durchgeführt worden, die sich mit dem Einfluß der zerebralen Anoxämie während des Geburtsvorganges sowie deren Folgen befaßt haben.

2. Die komplexen Aspekte des Umweltfaktors

Der Gegenstand unserer Untersuchung ist die Entstehungsgeschichte der ersten Objektbeziehung, das heißt der Beziehung zwischen Mutter und Kind. Man könnte also auch sagen, daß es sich um eine Untersuchung von sozialen Beziehungen handelt, wenn sich die hier gemeinte soziale Beziehung nicht von allen von der akademischen Sozialpsychologie untersuchten Beziehungen unterschiede. Freilich mögen wir uns fragen, wieso die Soziologen noch nicht bemerkt haben, daß sie in der Mutter-Kind-Beziehung die Entwicklung sozialer Beziehungen gleichsam *in statu nascendi* beobachten könnten. Das Besondere daran ist, daß sich vor unseren Augen die körperliche Zusammengehörigkeit von Mutter und Kind aus dem jeder sozialen Relation baren Physiologischen schrittweise in die erste soziale Beziehung des Individuums entwickelt.

Auch der Übergang vom Physiologischen zum Psychologischen weist bemerkenswerte Eigenheiten auf: während des physiologischen Zustandes im Uterus können wir einen vollausgebildeten Parasitismus von seiten des Kindes beobachten; im Verlauf des ersten Lebensjahres durchläuft dann das Kind ein Stadium der Symbiose mit der Mutter und gelangt allmählich in ein Stadium, in welchem sich hierarchische Beziehungen entwickeln.

Ein weiterer, ebenso einzigartiger Aspekt der Mutter-Kind-Beziehung ist der grundlegende Unterschied in der psychischen Struktur von Mutter und Kind. Abgesehen von den vergleichbaren Beziehungen des Menschen mit einem Haustier, gibt es in der gesamten gesellschaftlichen Ordnung nirgends einen so hohen Grad von Verschiedenheit bei zwei so eng miteinander verbundenen Wesen. Georg Simmel ist bisher der einzige Soziologe, der auf die Möglichkeiten soziologischer Untersuchungen bei der Mutter-Kind-Gruppe, die er übrigens „Zweiheit", „Dyade", nannte, aufmerksam gemacht hat. Er betonte, daß man in ihr den Keim zu allen höheren sozialen Entwicklungen sehen könne. Wie wir später hören werden, hat Freud, unabhängig von Simmel (1908) schon im Jahre 1895, also dreizehn Jahre früher, auf diese Forschungsrichtung hingewiesen.

Für unsere Studie der Objektbeziehungen und ihrer Entstehung in der frühen Kindheit müssen wir zunächst die psychiatrische Methode, die beim Kind anzuwenden ist, klar von der, die wir beim Erwachsenen anwenden, unterscheiden. Der Grund für diese Trennung liegt in den Struktur- und Umweltunterschieden zwischen Erwachsenem und Kind. Das Kind hat offensichtlich eine andere Persönlichkeitsstruktur als die Mutter; aber auch die Umwelt des Kindes unterscheidet sich deutlich von der des Erwachsenen.

Beginnen wir mit der Persönlichkeit: Die Persönlichkeit des Erwachsenen ist strukturiert; sie ist eine deutlich umgrenzte Organisation. Der Beobachter wird dieser strukturellen Persönlichkeitsorganisation durch ihr individuelles Verhalten gewahr, durch die charakteristischen Initiativen, welche diese Persönlichkeit in einem zirkulären Wirkungsaustausch mit der Umwelt entfaltet. Im Gegensatz dazu fehlt dem Kinde bei der Geburt — auch wenn eine Individualität nachweisbar wäre — eine vergleichbar organisierte Persönlichkeit; es entwickelt keine persönliche Initiative; seine Wechselwirkung mit der Umwelt ist rein physiologischer Natur. Wir werden später im einzelnen von der infantilen Organisation sprechen.

Der zweite Unterschied zwischen Mutter und Kind betrifft deren Umwelt. Beim Erwachsenen setzt sich die Umwelt aus einer großen Anzahl verschiedener Faktoren zusammen, etwa Gruppen, Individuen und leblosen Dingen. Diese zahlreichen und vielgestaltigen Faktoren und dynamischen Konstellationen bilden bewegliche Kraftfelder. Sie strömen auf die organisierte Persönlichkeit des Erwachsenen ein und treten mit ihr in Wechselbeziehung. Für das Neugeborene besteht die Umwelt gleichsam aus einem einzigen Individuum, der Mutter oder ihrer Stellvertreterin. Und sogar dieses einzige Individuum wird vom Kind noch nicht als eine von ihm abgetrennte Einheit wahrgenommen, sondern ist für den Säugling vielmehr ein Glied in der Kette seiner Bedürfnisse und ihrer Befriedigung. Daraus folgt, daß der normal aufgezogene Säugling im Gegensatz zum Erwachsenen das erste Lebensjahr sozusagen in einem „geschlossenen System" verbringt, welches nur aus zwei Komponenten, nämlich aus Mutter und Kind besteht. Eine psychiatrische Untersuchung der ersten Kindheit hat daher das Gefüge dieses geschlossenen Systems zu erforschen.

Ich betone schon jetzt — und werde später im einzelnen darauf zurückkommen —, daß die Welt des Kindes nichtsdestoweniger aus seiner gesamten es umgebenden Wirklichkeit gebildet wird, d. h. aus den verschiedenen Familienmitgliedern und ihren Beziehungen zueinander, oder, falls das Kind in einem Heim untergebracht ist, aus den es umgebenden Personen dieses Heims. Als Mittler der aus der Umwelt stammenden Kräfte fungiert jedoch die Person, die die Bedürfnisse des Kindes befriedigt, also die Mutter oder ihre Vertreterin. Deshalb werden wir in den nun folgenden Seiten das Aufeinander- und Zusammenwirken der Persönlichkeit der Mutter mit der Persönlichkeit des Kindes behandeln.

II. ZUR METHODE

Wir wollen nun die von uns angewandte Beobachtungsmethode darstellen und die Kinder beschreiben, bei welchen wir sie verwendet haben. Wie bereits vorher erwähnt, ist für das Stadium vor der Sprachentwicklung die psychoanalytische Methode im eigentlichen Sinne noch nicht anwendbar. Wir haben uns daher der unmittelbaren (direkten) Beobachtung und der Methoden der experimentellen Psychologie für unsere Arbeiten bedient. Wir haben mit Hilfe der Gültigkeitskriterien gearbeitet, d. h., wir haben Tests und Beobachtungsmethoden benützt, die an einer repräsentativen Zahl von Kindern geeicht worden waren. Wir haben die Kriterien der Verläßlichkeit berücksichtigt. Wir haben die Beobachtungen abwechselnd von einem männlichen und einem weiblichen Untersucher durchführen lassen. Wir sind nach der sogenannten longitudinalen Methode vorgegangen, d. h., wir haben diese Kinder während relativ langer Zeiträume, maximal bis zu zwei Jahren, beobachtet und während dieser Periode zahlreiche Experimente und Tests in monatlichen Abständen durchgeführt. Dadurch gelang es, die longitudinale mit der transversalen Methode zu verbinden. Die Zahl der von uns beobachteten Kinder ist ausreichend, um statistisch wesentliche (signifikante) Schlußfolgerungen zu ziehen.

Wir haben auf die sogenannte klinische Methode, die sich mit einem ausgesuchten Material befaßt, verzichtet und sie durch die experimentelle Methode ersetzt, die mit einer großen Anzahl arbeitet und in deren Verlauf wir ein Gesamtkollektiv ohne Auslese in einem gegebenen Milieu beobachtet haben. Dadurch gelang es, ein Maximum unveränderlicher Bedingungen in einer gleichbleibenden Umwelt zu erhalten und eine einzige Veränderliche einzuführen, die den Gegenstand des Experiments selbst darstellt. Die so erhaltene Konstanz der Umwelt gewährleistete die größtmögliche Gleichheit der Bedingungen für alle Versuchspersonen.

Zum Zwecke des Vergleichs zwischen den grundlegenden Bedingungen der verschiedenen Milieus haben wir solche mit extremen Unterschieden gewählt, sowohl in bezug auf die kulturellen Bedingungen als auf die rassische Zugehörigkeit der Kinder, in bezug auf wirtschaftliche und soziale Stellung der Eltern sowie andere Bedingungen, über die wir in unseren verschiedenen Arbeiten berichtet haben.

Jedes von uns untersuchte Kind wurde wöchentlich insgesamt vier Stunden lang beobachtet. Die laufenden Protokolle dieser Beobachtungen wurden der Krankengeschichte des Kindes beigefügt.

1. Die Tests

Wir erhielten eine quantitative und objektive Vergleichsbasis dadurch, daß wir einmal monatlich die Baby-Tests nach Bühler und Hetzer (*im ersten Lebensjahr* Hetzer und Wolf) (1928) durchführten. Diese Tests sind denen von Gesell und Catell vorzuziehen, weil sie eine quantitative Auswertung gestatten und außerdem nach wissenschaftlichen Kriterien geeicht worden sind. Wir haben auch hier den möglichen Einfluß des Geschlechts des Beobachters vermieden, indem wir die Tests, ebenso wie unsere wöchentlichen Beobachtungen, abwechselnd von einem Mann und einer Frau durchführen ließen.

Die Tests erlauben die monatliche quantitative Auswertung für 6 verschiedene Sektoren der Persönlichkeit, diese sind:

1. Entwicklung und Beherrschung der Wahrnehmung;
2. Entwicklung und Beherrschung des Körpers;
3. Entwicklung und Beherrschung der zwischenmenschlichen Beziehungen;
4. Entwicklung und Beherrschung des Gedächtnisses und der Nachahmung;
5. Entwicklung und Beherrschung der Handhabung von Gegenständen;
6. intellektuelle Entwicklung.

Die quantitative Auswertung dieser Tests ergibt eine Serie von Entwicklungsquotienten, aus denen sich ein „Entwicklungsprofil" für jeden gegebenen Zeitpunkt herstellen läßt. Mit anderen Worten, wir erhalten jeweils ein Querschnitt-Bild.

2. Film-Analyse

Zum Zwecke eines objektiven Belegs unserer Beobachtungen und ferner, um ein bestimmtes Phänomen beliebig oft exakt studieren zu können, filmten wir viele unserer Beobachtungen. Wir bedienten uns einer Methode, die ich im Jahre 1933 unter dem Namen der „Film-Analyse" in die Säuglingsforschung eingeführt habe. Sie besteht darin, daß 24 Aufnahmen pro Sekunde gemacht werden; dadurch kann die Beobachtung willkürlich so oft wie erforderlich wiederholt werden, und außerdem wird es möglich, die Bildfolge bei der Projektion des Films auf 8 Aufnahmen in der Sekunde zu verlangsamen. Man erreicht somit eine Zeitlupe, eine dreifache „Verlangsamung", sowohl für den Rhythmus der Bewegungen als auch für den physiognomischen Ausdruck. Jedes Kind wurde gefilmt, wenn wir es zum ersten Mal sahen, d. h. möglichst bald nach der Geburt, und einige Male sogar während der Austreibungsperiode im Verlauf der Entbindung. In den darauf-

18

Beobachtungszeit	Säuglingsabt.	Fam.	Pflegestelle	Waisenhaus	Entbindungsabt.	Indianerdorf	Kinderkrippe	Gesamt
über sechs Monate	185	9		62			mehrere hundert Kinder. Beobachtungszeit drei Wochen für jedes Kind	256
mindestens drei Monate	18	3			29			50
unter drei Monaten			6	23	2	6	23		60
Gesamt	203	18	23	64	35	23		366
Filmaufnahmen	138	14	10	25	29	3	27	246

Abb. 1. Gesamt der Versuchspersonen.

folgenden Monaten wurden alle diejenigen Verhaltensweisen des Kindes gefilmt, die vom Durchschnitt der übrigen Kinder unserer Beobachtung abwichen. Schließlich haben wir die Experimente mit den Kindern gefilmt.
Außer den klinischen Daten und den Filmen verfügten wir noch über Protokolle und Interviews mit den Eltern der Kinder und mit dem Pflegepersonal. Bei einer Anzahl von Müttern unserer Säuglinge haben wir Rorschach- und Szondi-Tests durchgeführt. Die Tabelle auf Seite 19 gibt Auskunft über die Zahl der beobachteten Kinder und ihre Gruppierung nach dem Milieu und nach den Filmen.

III. DAS OBJEKT DER LIBIDO

Für unsere Darstellung der Entstehung der ersten Objektbeziehungen wird es sich empfehlen, unsere Begriffe genauer zu definieren.

Objektbeziehungen setzen ein Subjekt und ein Objekt voraus. In unserem Falle ist das Neugeborene das Subjekt. Wie vorhin auseinandergesetzt, ist das Neugeborene am Anfang im Zustand der Undifferenziertheit und ohne psychische Funktion. Dementsprechend gibt es weder Objektbeziehungen noch Objekt in der Welt des Neugeborenen. Beide entwickeln sich allmählich und fortschreitend im Verlaufe des ersten Lebensjahres, an dessen Ende sich dann ein Objekt der Libido konstituiert.

Im Verlaufe dieser Entwicklung konnten wir die drei folgenden Stufen unterscheiden:

1. die objektlose Stufe;
2. die Vorstufe des Objektes;
3. das Objekt im eigentlichen Sinne.

Zunächst wollen wir den Begriff des Objekts der Libido definieren. Freud hat in seiner Schrift: *Triebe und Triebschicksale* (1915) das Objekt der Libido wie folgt charakterisiert:

„Das Objekt des Triebes ist dasjenige, von welchem oder durch welches der Trieb sein Ziel erreichen kann. Es ist das Variabelste am Triebe, nicht ursprünglich mit ihm verknüpft, sondern ihm nur infolge seiner Eignung zur Ermöglichung seiner Befriedigung zugeordnet. Es ist nicht notwendig ein fremder Gegenstand, sondern ebensowohl ein Teil des eigenen Körpers. Es kann im Laufe der Lebensschicksale des Triebes beliebig oft gewechselt werden; dieser Verschiebung des Triebes fallen die bedeutsamsten Rollen zu. Es kann der Fall vorkommen, daß dasselbe Objekt gleichzeitig mehreren Trieben zur Befriedigung dient."

Gemäß dieser Definition kann das Objekt der Libido im Laufe des Lebens wechseln — halten wir fest, daß es unvermeidlicherweise wechselt, und daß dieser Wechsel ein häufiger sein wird. Diese Veränderungen hängen von der Struktur der Partialtriebe ab, von der fortschreitenden Reifung und Differenzierung der Triebe, von den energetischen Beziehungen zwischen den Trieben und von zahlreichen anderen Faktoren, die noch nicht im einzelnen untersucht worden sind.

Durch die Tatsache, daß das Objekt der Libido häufig (und bisweilen rasch) verändert werden kann, unterscheidet es sich grundsätzlich von dem Objektbegriff der akademischen Psychologie, wo man im allgemeinen von

„Dingen" spricht. Das Ding bleibt mit sich selbst identisch und wird durch ein raumzeitliches Koordinatensystem beschrieben.

Das Objekt der Libido dagegen kann, außer jenen zeitlich begrenzten Perioden, während derer es vom Subjekt nicht verändert wird, in einem raumzeitlichen Koordinatensystem nicht beschrieben werden. Das ist nur in dem Begriffsystem seiner Geschichte und seiner Genese möglich. Die Struktur der auf das Objekt der Libido gerichteten Triebe liefert die Koordinaten, welche es beschreiben.

1. Die objektlose Stufe

Die objektlose Stufe fällt mehr oder weniger mit der des primären Narzißmus zusammen. Den auf dieser Stufe herrschenden Zustand habe ich beschreibend als Undifferenziertheit gekennzeichnet, eine Beschreibung, die neuerdings von Hartmann (1939) (1946) wieder aufgenommen wurde. Das neugeborene Kind ist nicht nur unfähig, ein Ding vom anderen zu unterscheiden, es kann es nicht einmal vom eigenen Körper abgrenzen und empfindet zu diesem Zeitpunkt die Umgebung als noch nicht von sich getrennt. Die ernährende Brust wird daher von ihm als ein Teil seiner selbst wahrgenommen.

Zahlreiche Beobachtungen, darunter auch unsere eigenen, bestätigen, daß die Wahrnehmung des Neugeborenen gegen die Außenwelt durch eine außerordentlich stark erhöhte Reizschwelle geschützt ist. Sie schützt das Kind während der ersten Lebenswochen, ja Monaten, vor der Wahrnehmung der Umweltreize. Mit Recht kann man sagen, daß während dieser Periode eine Außenwelt für das Kind nicht existiert. In diesem Zeitraum sind alle Wahrnehmungen auf das enterozeptive System beschränkt. Die manifesten Reaktionen erfolgen auf die Wahrnehmung von Bedürfnissen hin, die diesem System gemeldet werden. Von außen kommende Reize werden nur dann wahrgenommen, wenn sie die Reizschwelle durchbrechen, sie sind ein Einbruch in den Ruhezustand des Säuglings, und er reagiert darauf mit Unlust.

Unlustreaktionen kann man von Geburt an beobachten. Wir distanzieren uns von denjenigen Autoren, die von Unlustreaktionen *in utero* sprechen, und von jenen, die den „Geburtsschrei", wie man sagt, als einen Ausdruck der Verzweiflung des Neugeborenen gedeutet haben wollen, wenn es die Welt zum ersten Mal wahrnimmt. Ich halte sogar herzlich wenig von der Theorie des Geburtstraumas, soweit es als Angstphänomen angesehen wird. Mit dieser Vorstellung ist viel Mißbrauch getrieben worden, obwohl Freud vom Geburtstrauma ausdrücklich im Sinne eines physiologischen Prototyps spricht (1926), eines Prototyps für das psychische Phänomen der Angst, die sehr viel später auftritt.

Das Geburtstrauma ist beim normalen Kind ein ungemein flüchtiger Zustand, der höchstens einige Sekunden anhält.

Er äußert sich als Erregungszustand, der unlustvoll getönt zu sein scheint. Ich meine sogar, daß während der ersten Stunden und Tage des Lebens die Unlust der einzige Affekt ist, dessen Äußerungen wir beobachten können; ihr Gegenpart ist nicht Lust, sondern der Ruhezustand. Das sind rein physiologische Funktionen. Die psychischen Funktionen müssen sich erst daraus entwickeln, und es ist meiner Meinung nach von großem Interesse, daß dies sich im Sinne eines binären Systems abspielt, d. h., es entwickelt sich nach dem Prinzip des „ausgeschlossenen Dritten" (dem Satz vom Widerspruch) — also nach einem der Grundsätze, auf denen das Denken aufgebaut ist (Lalande, 1932). *Es liegt nahe, zu fragen, ob dieser physiologische Ursprung*

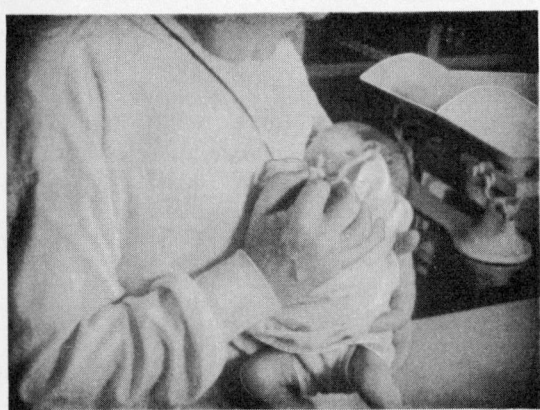

der höheren Entwicklung des menschlichen Denkens nicht auch gleichzeitig die spätere Form bestimmt, in der die Gesetze der Logik sich entwickeln. Andererseits entspricht der Funktionszustand des Neugeborenen, bei dem Erregung und Ruhe miteinander kontrastieren, dem von Freud eingeführten Nirwana-Prinzip, welches besagt, daß im System die Tendenz besteht, die Spannung herabzusetzen.

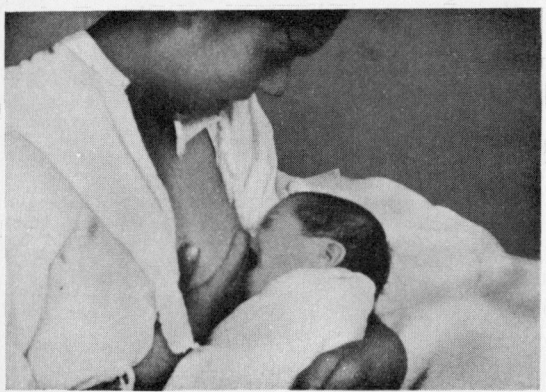

Abb. 2. Reaktion des Neugeborenen in horizontaler Position.

Abb. 3. Das vor Hunger schreiende Kind bemerkt die in seinen Mund eingeführte Brustwarze nicht.

Erinnern wir uns indessen, daß das Kind in diesem primitiven Stadium unfähig ist, überhaupt Gegenstände voneinander zu unterscheiden — und mit Gegenstand meine ich jetzt nicht nur das Objekt der Libido, sondern alle anderen es umgebenden „Dinge". Die Reaktionen des Neugeborenen haben bestenfalls den Charakter des bedingten Reflexes; beziehungsweise verlaufen sie analog jenen Vorgängen, die wir nunmehr als bedingte Reflexe bezeichnen. Immerhin müssen mehrere Tage vergehen, ehe eine spezifische Reaktion, sei sie auch so primitiv wie der bedingte Reflex, sich entwickeln kann. Um den achten Tag reagiert dann das Kind auf Signale.

Diese Signale werden zu Beginn durch die Tiefensensibilität des Kindes wahrgenommen; genau genommen handelt es sich um Gleichgewichtssensationen. Nimmt man beispielsweise ein Brustkind nach dem achten Lebenstag aus dem Bettchen und bringt es in die Stillage, so wird das Kind einem den Kopf zudrehen und den Mund aufmachen. Dabei ist es gleichgültig, ob die Person, die das Kind aufnimmt, männlichen oder weiblichen Geschlechts ist.

Im Gegensatz dazu dreht dasselbe Kind, wenn man es in vertikaler Position aus dem Bettchen nimmt, seinen Kopf der betreffenden Person nicht zu [2].

Im Laufe der nächstfolgenden acht Wochen werden diese Signale immer spezifischer, d. h. für das Kind immer sinnvoller. Ripin und Hetzer (1930) einerseits, Frankl und Rubinow andererseits (1934) in ihren Arbeiten über die Flaschenreaktion des Kindes haben die Entwicklung der Wahrnehmung solcher Signale im Verlauf der ersten sechs Lebensmonate in ihren Einzelheiten eingehend studiert.

Bis zum Beginn des zweiten Lebensmonats erkennt der Säugling das Signal der Nahrung nur, wenn er hungrig ist. Das heißt, er erkennt weder die Milch an sich, noch die Flasche, noch die Brust. Er erkennt, wenn man so sagen darf, die Brustwarze, wenn sie in seinen Mund eingeführt wird, denn meistens fängt er dann an zu saugen. Sogar diese elementare Wahrnehmung unterliegt gewissen Schwankungen, denn wenn der Säugling anderweitig beschäftigt ist, z. B. wenn er gerade schreit, weil er in seiner Erwartung enttäuscht wurde, reagiert er überhaupt nicht auf die in seinen Mund eingeführte Brustwarze.

Um das Ende des zweiten Lebensmonates jedoch erhält der Mitmensch eine einzigartige Stellung unter den „Dingen" in der Umwelt des Säuglings. In diesem Stadium nimmt der Säugling nämlich das Herannahen des Menschen optisch wahr. Wenn ein Erwachsener zur Stillzeit an den hungrig schreien-

---

[2] Aus den Beobachtungen Margaret Meads über die Balinesen (1951) geht hervor, daß die balinesischen Kinder in vertikaler Position genährt werden. Es ist daher zu erwarten, daß die Reaktion des balinesischen Kindes der des abendländischen entgegengesetzt ist.

den Säugling herantritt, so beruhigt sich dieser, öffnet den Mund oder macht Saugbewegungen. In diesem Alter wird ein solches Verhalten sonst nur durch die (taktile) Wahrnehmung der Nahrung hervorgerufen.

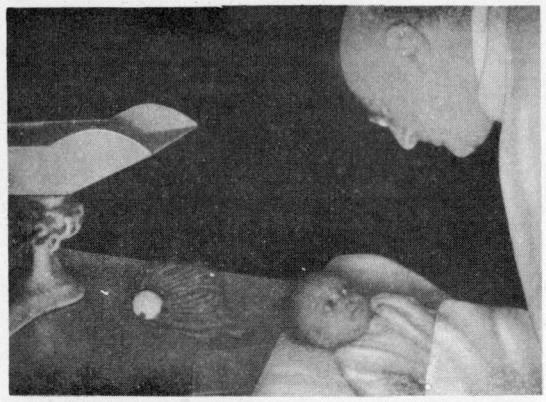
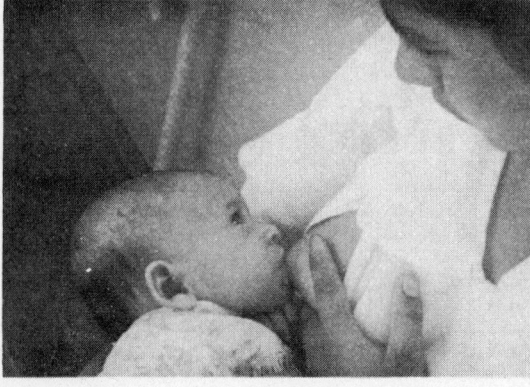

Abb. 4. Im zweiten Monat folgt das Kind dem Gesicht des Erwachsenen mit dem Blick.

Abb. 5. Das Kind wendet den Blick nicht von der Mutter ab.

Aber diese Reaktion ist auf die Stillzeit beschränkt. Sie findet nur statt, wenn der Säugling hungrig ist. Mit anderen Worten, auf dieser Stufe der Nahrungswahrnehmung reagiert der Säugling auf den *äußeren* Reiz nur, wenn dieser zeitlich mit der inneren Wahrnehmung des Hungers zusammenfällt. Die Umweltwahrnehmung erfolgt also in Funktion eines unbefriedigten Triebanspruchs. Zwei oder drei Wochen später tritt dann ein weiterer Fortschritt ein; wenn der Säugling ein menschliches Gesicht wahrnimmt, so folgt er dessen Bewegungen mit angespannter Aufmerksamkeit. Kein anderer Gegenstand vermag im Kinde auf dieser Altersstufe ein solches Verhalten auszulösen.

Gesell (1937, p. 21) nimmt als Ursache dieses Verhaltens an, daß das menschliche Gesicht dem Säugling in zahllosen Erwartungssituationen erscheint. Jede Befriedigung eines Bedürfnisses, sei es ein lusterfülltes oder eine Befreiung von Unlust, ist mit der Darbietung des menschlichen Gesichtes verknüpft.

Wir haben mit Hilfe unserer Beobachtungen festgestellt, daß das Kind an der Mutterbrust während des Stillens unentwegt das Gesicht der Mutter fixiert, ohne die Augen abzuwenden, bis es schließlich an der Brust einschläft. Bei Flaschenkindern ist dieses Phänomen nicht so regelmäßig zu beobachten.

Natürlich ist das Stillen nicht die einzige Beschäftigung der Mutter, bei der das Kind ihr Gesicht fixieren kann. Man ist sich im allgemeinen gar nicht bewußt, daß bei allem, was man mit dem Kind tut, sei es beim Aufnehmen, Waschen, Wechseln der Windeln usw., man ihm das Gesicht en face zuwendet, es mit den Augen fixiert, seinen eigenen Kopf bewegt und meist mit dem Säugling spricht. Es ist also das Gesicht als solches, das zum optischen Reiz wird, der dem Kind in den ersten Lebensmonaten am häufigsten dargeboten wird. Dieser Reiz prägt sich als erstes Signal dem kindlichen Gedächtnis in den ersten sechs Lebenswochen ein und veranlaßt es, allen Bewegungen dieses Signals mit den Augen zu folgen.

2. Die Vorstufe des Objektes

Wir haben im Vorangegangenen auseinandergesetzt, daß der Säugling im zweiten Lebensmonat das menschliche Gesicht von allen anderen Dingen seiner Umwelt absondert und ihm seine ausschließliche Aufmerksamkeit widmet. Dieses Phänomen entwickelt sich im Laufe des dritten Lebensmonats zu einer klar umschriebenen und artspezifischen Reaktion. Der Fortschritt in seiner körperlichen Reifung und psychischen Entwicklung erlaubt dem Säugling nunmehr, einen Teil seiner körperlichen Mittel zu koordinieren und in den Dienst des Ausdrucks eines psychischen Geschehens zu stellen. Er antwortet nunmehr auf den Anblick des Gesichts eines Erwachsenen mit einem *Lächeln*. Dem menschlichen Gesicht hatte er ja schon vorher ein besonderes Interesse und eine bevorzugte Stellung in seiner Gesamtumwelt zugebilligt. Dieses Lächeln ist sozusagen die erste aktive, gerichtete und intentionelle Kundgebung, das erste schwache Anzeichen für den Übergang des Säuglings aus der vollständigen Passivität zu einem aktiven Verhalten, das sich mehr und mehr durchsetzen wird.

Das Lächeln des Säuglings als Reaktion auf das Gesicht des Erwachsenen hat zur Bedingung, daß ihm das Gesicht frontal zugewendet wird und er beide Augen des Partners sehen kann. Außerdem muß das Gesicht des Partners in Bewegung sein. Es ist dabei ziemlich gleichgültig, ob diese Bewegung in einem Lächeln, einem Kopfschütteln oder etwas anderem besteht. Zu diesem Zeitpunkt kann diese selbe Reaktion beim Säugling durch keinen anderen Reiz, einschließlich der Nahrung, hervorgerufen werden. Zeigt man dem Flaschenkinde um diese Zeit die gefüllte Milchflasche, so findet oft im Verhalten des Säuglings eine Veränderung statt. Die in der Entwicklung weiter fortgeschrittenen Kinder hören auf sich zu bewegen, bisweilen führen sie

Saugbewegungen aus, manchmal versuchen sie auch die Arme nach der Milchflasche auszustrecken — aber sie lächeln nicht. Die sich langsamer entwickelnden Kinder verändern sogar nicht einmal ihr Verhalten. Wohl aber ant-
worten auch diese Kinder zum gleichen Zeitpunkt auf das Gesicht des Erwachsenen bereits mit einem Lächeln.

Über dieses Problem habe ich eingehend in meiner Monographie *The Smiling Response* (Das Lächeln des Säuglings) (1946 a) berichtet. In dieser Studie
habe ich 147 Kinder von Geburt bis zum Alter von einem Jahr fortlaufend
untersucht. Meine Beobachtungen haben mich zu dem Ergebnis geführt, daß
es unberechtigt ist, die Wahrnehmung des menschlichen Antlitzes und seine
Beantwortung durch ein Lächeln im dritten Lebensmonat als Symptom einer
echten Objektbeziehung zu betrachten. Ich konnte nämlich feststellen, daß
das Kind keinen Partner, keine Person, kein Objekt wahrnimmt, sondern
lediglich ein Signal. Zwar wird dieses Signal durch das menschliche Antlitz
gebildet, aber ich konnte experimentell nachweisen, daß nicht das Gesamt
des menschlichen Gesichts das Signal bildet, sondern daß es sich hier viel-

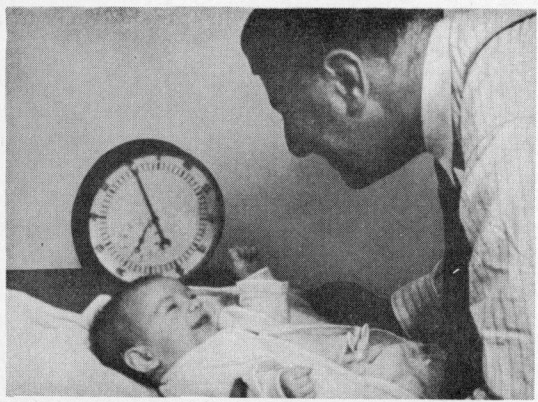

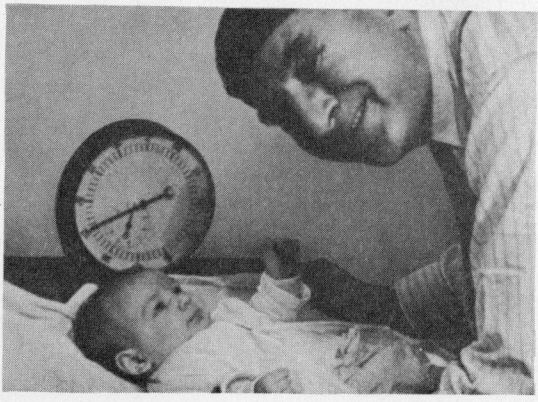

mehr um eine bevorzugte
„Gestalt" handle. Diese
bevorzugte Gestalt setzt
sich aus Stirn, Nase und
Augenpartie zusammen,
die sich in Bewegung be-
finden. Demgemäß be-
schränkt sich die Reaktion
der lächelnden Blickerwi-
derung nicht auf *ein* Individuum, nicht auf die Mutter.
Die Einzelpersonen, auf
die das Kind zu diesem
Zeitpunkt mit Lächeln re-
agiert, sind austauschbar.
Nicht nur die Mutter, sondern jede beliebige Person
kann das Lächeln auslösen,

Abb. 6. Reaktion auf das
lächelnde Gesicht.

Abb. 7. Reaktion auf das
Gesicht im Profil.

wenn sie die Bedingungen erfüllt, die die bevorzugte Gestalt des Signals vorschreibt. Deshalb habe ich dieses Signal ein Gestalt-Signal genannt.

Ein sehr einfaches Experiment beweist, daß es sich um ein Gestalt-Signal handelt, das von einem Teil des Gesichts gebildet wird. Man nimmt mit dem Säugling Kontakt auf, indem man ihn anlächelt und nickende Bewegungen mit dem Kopf macht, worauf das Kind mit Lächeln reagiert. Dreht man in diesem Augenblick den Kopf langsam ins Profil, unter Beibehaltung von Lächeln und Kopfbewegungen, so hört das Lächeln des Kindes sofort auf. In seinem Ausdruck zeigt sich Befremden; in der Entwicklung weiter fortgeschrittene Kinder versuchen oft, das zweite Auge irgendwo in der Nähe des Ohres zu finden; sensible Kinder scheinen eine Art Schock zu erleben. Diese Reaktion zeigt, daß der Säugling das menschliche Gesicht im Profil nicht zu erkennen vermag, d. h., daß es seinen menschlichen Partner überhaupt nicht erkannt hat, sondern lediglich die Gestalt: Stirn — Augen — Nase. Wenn diese Gestalt sich daher verändert, wird das sogenannte Objekt nicht mehr erkannt, es hat seine Objektqualität verloren.

Deshalb haben wir diese Gestalt die Objekt-Vorstufe genannt. Denn was das Kind in diesem Gestalt-Signal erkennt, sind nicht die für das Objekt wesentlichen Qualitäten (Qualitäten, kraft derer das Objekt für Bedürfnisse sorgt, beschützt und befriedigt), sondern es sind unwesentliche Attribute. Genau das ist es, wodurch sich das „Objekt" von den „Dingen" unterscheidet. Das „Objekt" ist durch wesentliche, in seiner Genese verankerte Qualitäten charakterisiert. Diese Qualitäten bleiben, durch alle Wechselfälle des Lebens hindurch, die die äußerlichen Attribute verwandeln, unveränderlich. Im Gegensatz dazu sind die „Dinge" durch ihre äußeren Attribute charakterisiert, und jede Veränderung dieser Attribute muß das Erkennen des „Dings" verhindern.

Das Gestalt-Signal ist also ein Attribut, das mehr den „Dingen" als dem Objekt der Libido zukommt; infolgedessen ist es vergänglich. Aber die Tatsache, daß dieses Signal im Verlauf der Entstehung der Objektbeziehungen ausge-

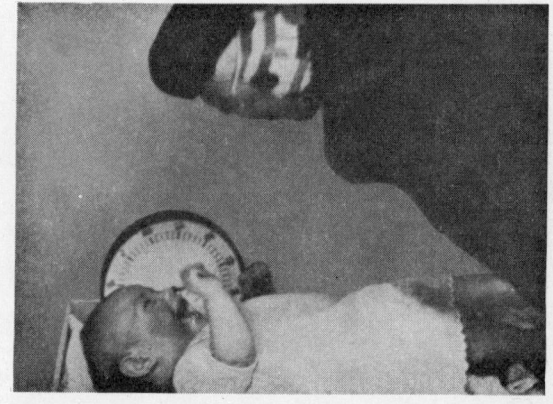

Abb. 8. Reaktion auf die Maske en face.

arbeitet wurde, verleiht ihm eine Qualität, die die „Ding"-Attribute transzendiert, und sichert ihm einen Platz in der Entstehungsgeschichte des Libido-Objektes, das aus ihm entwickelt wird.

Man kann dieses Experiment in einer noch drastischeren Weise durchführen, indem man dem Kind eine Maske aus Papiermaschee zeigt.

Eine Reihe von mir aufgenommener Filme zeigt, daß das Kind zu diesem Zeitpunkt der Maske ebenso wie dem menschlichen Gesicht zulächelt und ferner, daß das Lächeln ebenfalls aufhört, wenn die Maske ihm das Profil zuwendet. Es handelt sich also tatsächlich um ein Signal. Aber dieses Signal ist ein Teil des mütterlichen Gesichts, es leitet sich von ihm ab, es ist an die Situation der Nahrungsaufnahme, der Bedürfnisbefriedigung, der Sicherheit gebunden; später entwickelt es sich weiter und wird schließlich zum echten Objekt, das die Mutter als Gesamtperson umfaßt. Deshalb habe ich diese auf einen Teil des Gesichts begrenzte Reaktion eine *Vorstufe der Objekt-Beziehung* genannt, während ich das Gestalt-Signal, durch das das Erkennen zustande kommt, *Objekt-Vorläufer* nenne.

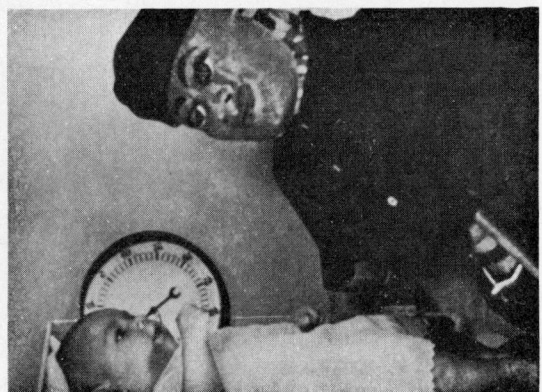

Abb. 9. Reaktion auf die Maske im Profil.

3. Der Objekt-Vorläufer in der Wahrnehmung

Aus dem bisher Dargestellten ergibt sich eine grundlegende Tatsache: während des ersten Lebensjahres ist es die Mutter, der menschliche Partner des Kindes, die als Mittler jeder Wahrnehmung, jeder Handlung, jeder Erkenntnis dient. Für das Gebiet der optischen Wahrnehmung haben wir Beweise erbracht, denn wenn das Kind jeder Bewegung der Mutter mit den Augen folgt, wenn es mit Hilfe des mütterlichen Gesichts ein Gestalt-Signal isoliert und festhält, so ist es ihm dank der Mutter gelungen, aus seiner Umwelt, diesem Chaos sinnloser Dinge, ein Element auszusondern, das fortschreitend sinnerfüllt werden wird. Ich meine damit nicht, daß der Wahrnehmungsapparat anatomisch-physiologisch zu diesem Zeitpunkt noch nicht entwickelt ist. Vielleicht ist er es schon, aber sicher noch nicht im psychischen Sinne, und das Kind bedient sich seiner noch nicht. Der Verlauf der Abgrenzung und Festlegung eines Gestalt-Signals aus den Dingen ohne Sinngehalt ist eben ein Beispiel für diesen Lernvorgang, für den Übergang aus einem Zustand, in dem das Kind lediglich affektmäßig wahrnimmt, in einen anderen, wo es beginnt, im unterscheidenden Sinne wahrzunehmen. Unsere Filme zeigen in packender Weise, wie die Brust der Mutter, ihre Hände, ihre Finger dem Säugling alle taktilen Reize bieten und ihn die Wahrnehmung und Orientierung mittels solcher Reize lehren, wie das Kind an ihrem Körper, an ihren Bewegungen die Tastwelt und das Gleichgewicht erlebt; es ist kaum nötig hinzuzufügen, daß ihre Stimme dem Kinde die akustischen Reize bietet, die für die Sprachentwicklung erforderlich sind.

Wir wollen nebenbei bemerken, daß die Sprachbildung, die am Ende des ersten Lebensjahres beginnt, ein komplexes Phänomen ist. Sie umfaßt einerseits die Wahrnehmung, andererseits die Energieabfuhr. Das Phänomen der Sprache gibt uns Aufschluß vom Übergang des Kindes aus einem Zustand der *Passivität,* in welchem die Abfuhr dazu dient, die Spannungszustände nach dem Lustprinzip auszugleichen, zu einem Zustand der *Aktivität,* in dem die Abfuhr an sich zu einer Quelle der Befriedigung werden kann. Mit diesem Schritt wird die Aktivität zu einem Entwicklungsfaktor in der elementaren Form der Spielhandlung. Die Lautbildung des Kindes, die zu Beginn einer triebhaften Abfuhr dient, verwandelt sich nach und nach in ein Spiel, bei dem das Kind die von ihm selbst hervorgebrachten Laute nachahmt. Nun empfindet es Lust bei der Abfuhr, indem es Laute hervorbringt, die es zuhörend wahrgenommen hat. Das ist eine neue Erfahrung. Durch die Wiederholung schafft sich das Kind sein eigenes Echo. Es ist die erste akustische Nachahmung. Einige Monate später wiederholt es nach demselben Prinzip die von der Mutter gehörten Laute.

Man sieht hier ein Detail des Überganges aus dem narzißtischen Stadium, in welchem das Kind sich selbst zum Objekt nimmt, zur Objektstufe. Wenn es dann später die von der Mutter ausgehenden Laute (und Worte) wiederholt, hat es das autistische Objekt seiner eigenen Person durch ein in der Außenwelt existierendes Objekt ersetzt, nämlich durch die Person der Mutter.

Diese Spiele sind auch die Grundlage des anderen Aspekts der im Entstehen begriffenen Objektbeziehungen. Denn die Wiederholung der zuerst vom Kinde selbst und dann von der Mutter ausgehenden Laute wird allmählich unmerklich in eine Serie semantischer Signale umgewandelt.

4. Die Rolle der Affekte in der Mutter-Kind-Beziehung

Nur selten gibt man sich Rechenschaft darüber, welch eine umfassende Rolle die Mutter für die Bewußtwerdung des Kindes spielt. Noch seltener wird man sich dessen bewußt, daß bei diesem Prozeß die Gefühle der Mutter ihrem Kinde gegenüber, das, was wir ihre affektive Haltung nennen, eine grundsätzliche Bedeutung haben. Ihr Zärtlichkeitsgefühl befähigt sie, dem Kind eine ganze Erlebniswelt zu eröffnen. Ihre affektive Haltung bestimmt die Qualität dieser Erlebnisse. Wir alle nehmen affektive Kundgebungen auch affektiv wahr und reagieren affektmäßig auf sie. Für das Kind gilt das in noch weit höherem Maße, denn es nimmt in viel ausgesprochenerer Weise affektiv wahr als der Erwachsene. Während der ersten drei Lebensmonate sind nämlich die Erlebnisse des Kindes auf den affektiven Bereich beschränkt; das Sensorium, die Unterscheidungsfähigkeit und der Wahrnehmungsapparat sind, psychisch gesehen, noch nicht entwickelt. Und vielleicht gilt dies auch in physischer Hinsicht. Es ist also die affektive Einstellung der Mutter, die dem Säugling zur Orientierung dient.

Mütter sind natürlich individuell verschieden. Doch jede Mutter verfügt über eine unabsehbare Skala von Gefühlen, Gefühlsreaktionen und affektiven Einstellungen. Diese werden ihrerseits in einem zirkulären Prozeß durch die Eigenart, durch die Persönlichkeit ihres Kindes beeinflußt. Die kongenitale Apparatur des Kindes muß je nach der besonderen Persönlichkeit der Mutter unterschiedliche Einflüsse ausüben. Es kann also nicht gleichgültig sein, ob das Kind frühreif oder zurückgeblieben, einfach oder schwierig, brav oder unartig ist.

Man erinnere sich bloß an die von uns beschriebene blickerwidernde Reaktion des Lächelns. Wir setzten diese für den dritten Monat an, doch ist das ein Mittelwert. Die früheste derartige Reaktion, die wir gefilmt haben, zeigte sich schon am 26. Lebenstag. Ebenso leicht kann es aber zu Verzögerungen kommen, und manche Kinder mögen erst im sechsten Monat lächeln. Es ist offensichtlich, daß solche Unterschiede die Reaktion der Mutter beeinflussen werden. Und man vergesse nicht, daß die Reaktion des Lächelns nur *eine* der Verhaltensweisen ist, und dazu eine geringfügige, in der Vielfalt der Beziehungen, die sich zwischen Mutter und Kind anknüpfen.

Man könnte einwenden, daß nicht nur die Mutter das Kind affektiv beeinflußt, sondern daß es in seiner Umgebung auch Vater, Brüder, Schwestern usw. gibt, und daß auch diesen affektive Bedeutung zukommt. Selbst das kulturelle Milieu übt schon während des ersten Lebensjahres seinen Einfluß auf das Kind aus. Das ist eine unleugbare Tatsache; aber alle diese Einflüsse erreichen das Kind in unserer westlichen Kultur über die Mutter oder ihre

Stellvertreterin. Darum habe ich meine Forschung vorwiegend auf das Problem der Beziehungen zwischen Mutter und Kind gerichtet. Es kommt hinzu, daß die Mutter-Kind-Beziehung während der ersten Lebensmonate derjenige psychologische Faktor ist, der am ehesten einer therapeutischen Beeinflussung zugänglich ist. Mehr noch, er kann auch der Prophylaxe dienstbar gemacht werden und verdient daher unser eifrigstes Studium und unsere besondere Aufmerksamkeit.

In der Mutter-Kind-Beziehung stellt die Mutter den Umweltfaktor dar; man kann auch sagen, daß die Mutter der Repräsentant der Umwelt ist. Dem steht die kongenitale Apparatur des Kindes gegenüber, die in diesem Zusammenhang in dem Problem der Reifung und der „Anlage" gegeben ist.

Auf keinen Fall dürfen wir die Bedeutung der Entwicklung des Nervensystems während des ersten Monats, ja selbst während der ersten Lebensjahre vernachlässigen. Diese Entwicklung des Nervensystems ermöglicht erst die Handlungen und Verhaltensweisen, die sonst nicht zustande kommen könnten. Es gibt Funktionen, die eine physiologische Reifung durchmachen, welche bis zu einem gewissen Grade von der Umwelt unabhängig ist. Es gibt bestimmte Entwicklungsfolgen und Abläufe, die angeboren sind. Wir brauchen darauf nicht näher einzugehen, die Untersuchung dieser Faktoren fördert unsere gegenwärtige Studie nicht.

Dagegen sind die maßgeblichen Faktoren für unser Vorhaben die Mutter mit ihrer strukturierten Eigenpersönlichkeit in Wechselbeziehung mit dem Kinde, dessen Individualität in Bildung begriffen ist. Beide, Mutter und Kind, leben nicht im luftleeren Raum, sondern in einem sozialökonomischen Milieu, dessen primäre Determinanten die Familienmitglieder sind und dessen erweiterter Rahmen von der Gruppe, der Kultur, dem Volk, der geschichtlichen Epoche sowie der Tradition gebildet wird. Wir werden später zur Darstellung der beiden Faktoren zurückkehren, die, nach einem Ausdruck Margaret Mahlers (1952) das symbiotische Paar Mutter — Kind bilden.

5. Die theoretische Bedeutung der Bildung des Objekt-Vorläufers

1. Auf dieser Stufe schreitet das Kind von der inneren (enterozeptiven) Rezeption der Erfahrung zur Wahrnehmung äußerer Reize fort.

2. Die Voraussetzung dieser Entwicklung ist die Niederlegung bewußter Gedächtnisspuren in der kindlichen Psyche.

3. Dies bedingt eine Aufteilung des seelischen Apparates in Bewußtes, Vorbewußtes und Unbewußtes.

4. Die Niederlegung von Gedächtnisspuren ermöglicht den Beginn des Denkens [3].

5. Mit dem Beginn des Denkprozesses setzt auch das Funktionieren des Realitätsprinzips ein. Beide, Denkprozeß und Realitätsprinzip, sind Umwegfunktionen.

6. Sehen wir das Ich als zentrales Steuerungsorgan an, so bedeutet das soeben Gesagte, daß im dritten Lebensmonat bereits ein rudimentäres Ich vorhanden ist. Dieses rudimentäre Ich ermöglicht als zentrale Steuerorganisation dem Kinde, Willenshandlungen zu koordinieren, die einerseits der Abwehr, andererseits der Meisterung von Funktionen dienen. Diesen Teil des Ichs bezeichnete Hartmann (1939) als die konfliktfreie Sphäre.

7. Die hohe Reizschwelle wird nach und nach überflüssig. Die durch die eintreffenden Reize ausgelösten Energien werden nunmehr fraktioniert, in den verschiedenen Systemen aufgeteilt als Erinnerungsspuren gespeichert, und statt als diffuse Erregung zur Abfuhr zu kommen, erfolgt die Abfuhr nun in der Form von Handlungen.

8. Diese Fähigkeit zur gesteuerten Handlung führt beim Kinde zu einer raschen und fortschreitenden Entwicklung der verschiedenen Systeme des Ichs; zuerst im Gebiete des Körper-Ichs, später in anderen Sektoren. Die Handlung selbst bestimmt nicht nur die Art und Weise, wie die libidinösen und aggressiven Energien zur Abfuhr kommen, sondern sie wird auch zum Entwicklungsinstrument der Psyche. Es läßt sich nicht leugnen, daß die Bedeutung der Aktivität und der Handlung für die Entwicklung während der ersten Lebensjahre bis jetzt nicht genügend berücksichtigt worden ist. Wir sprechen oft von der Aggression — sollten indessen begreifen, daß, wenn die Aggression sich in zielgerichtete zweckmäßige Handlung umsetzt, dies an sich strukturierte Handlungsfolgen schafft, die im Ich mannigfaltige Systeme bilden können.

9. Wenn man dieses Phänomen in seiner Gesamtheit vom Standpunkt des Behaviorismus betrachtet, wird es offensichtlich, daß es gleichzeitig den Übergang des Neugeborenen aus der Passivität in die gesteuerte Aktivität darstellt.

10. Das Phänomen ist der Beginn der sozialen Beziehungen im Menschenwesen und bildet die Voraussetzung und das Vorbild aller späteren sozialen Beziehungen.

Wir haben zehn verschiedene Teilaspekte eines umfassenden Phänomens auf-

---

3 Freud hat in seiner Arbeit: *Formulierungen über die zwei Prinzipien des psychischen Geschehens*, Ges. Werke, VIII, London, Imago Publishing Co. Inc. 1943, das Denken folgendermaßen definiert: „Das Denken ist im wesentlichen ein Probehandeln mit Verschiebung kleinerer Besetzungsquantitäten unter geringer Verausgabung (Abfuhr) derselben."

gezählt, das man als den Übergangspunkt vom Stadium des primären Narzißmus zu dem der Objektlibido betrachten kann. Wir nehmen daher die
Konvergenz der zehn Aspekte des Total-Phänomens zum Ausgangspunkt
und werden nun versuchen, einige dieser Teilaspekte weiterzuentwickeln.
Wir wollen festhalten, daß die psychische Struktur in dieser Phase noch rudi-
mentär ist und daß ein Ich nur in Gestalt eines Keims existiert.

Die drei folgenden Monate der kindlichen Entwicklung sind der Erforschung des Gebietes gewidmet, das es sich bis dahin erobert hat. Dieser Vorgang findet in Form von ständigen Wechselwirkungen zwischen dem Kind und dem „Objekt" statt. Aber diese Wechselwirkungen nehmen nun einen neuen Charakter an. Aus der Passivität der ersten drei Lebensmonate schreitet das Kind zur Aktivität, zur Handlung fort. Durch diese gegenseitig ausgetauschten Handlungen bestimmt es die Grenzen seiner Fähigkeiten. Es dehnt die Grenzen immer weiter aus, innerhalb derer es das Drängen seiner aggressiven und libidinösen Triebe in Handlungen umsetzt.

Man muß übrigens im Auge behalten, daß es sich hierbei offensichtlich um die Periode der größten Formbarkeit in der menschlichen Entwicklung handelt. Aus vielen Gründen ist es notwendig, daß diese Periode derart plastisch ist. Auf drei dieser Gründe werde ich eingehen: die Hilflosigkeit des Säuglings, der veränderliche und daher verwundbare Entwicklungszustand in den ersten beiden Lebensjahren und schließlich das Fehlen einer festgegründeten Ich-Organisation.

1. Die Hilflosigkeit des Neugeborenen

Die wichtigste Ursache für die große Plastizität dieser Periode ist von Freud schon in einer seiner ersten Arbeiten, dem *Entwurf einer Psychologie* [4], ausgesprochen worden.

Es handelt sich um ein erst nach seinem Tode veröffentlichtes Manuskript, das aus dem Jahre 1895 stammt. Bei der Besprechung des Abfuhrvorganges, der als Reaktion auf die vom Inneren ausgehenden Reize notwendig wird, legt Freud dar, daß der Säugling zu Anfang nicht die Fähigkeit besitzt, die spezifische Handlung der Umwelt, die für den Abfuhrvorgang erforderlich wäre, auszulösen. Die Handlung der Umwelt wird durch diffuse unspezifische Abfuhrphänomene provoziert, etwa Zappeln, Schreien, Weinen usw., also durch die typischen Kundgebungen des Säuglings. Der folgende Satz des Freudschen Manuskriptes erhellt mit einem Schlage einen ganzen Sektor der psychoanalytischen Denkweise: „Diese Abfuhrbahn gewinnt so die höchst wichtige Sekundärfunktion der Verständigung und die anfängliche Hilflosigkeit des Menschen ist die Urquelle aller moralischen Motive." Der Herausgeber, Ernst Kris, bemerkt dazu, daß Freud in diesem Satz der Ob-

---

4 Sigmund Freud, *Aus den Anfängen der Psychoanalyse.* Imago Publishing Co. Ltd. London, 1950.

jektbeziehung ihren Platz beim Übergang vom Lustprinzip zum Realitätsprinzip anweist.

Zwanzig Jahre später ist Freud zu dieser Formulierung in der Arbeit
„Triebe und Triebschicksale" (1915) zurückgekehrt und ist bei ihr geblieben.
Unsere Erfahrungen und Beobachtungen an Säuglingen haben uns überzeu-
gende Beweise für die Richtigkeit dieser Schlußfolgerungen gegeben.

2. Das erste Lebensjahr, eine Zeit der Umformungen

Der zweite Faktor, der dieser Periode des ersten und zweiten Lebensjahres
eine so große Plastizität verleiht, liegt in dem selten genügend gewürdigten
Übergangscharakter der frühen kindlichen Entwicklung. Besonders das erste
Jahr ist eine Periode rascher und oft stürmischer Veränderungen. Es ist
durchaus angemessen, vom Kinde im ersten Lebensjahr als von einem *in
statu nascendi* befindlichen Wesen zu sprechen. Wir kennen diese Übergangs-
phänomene aus der Chemie. In einer den chemischen Phänomenen analogen
Weise könnte man sagen, daß Erlebnisse in Übergangsstadien bedeutendere
Veränderungen verursachen, als es dieselben Erlebnisse in einem späteren
Alter bei einer festen Persönlichkeitsorganisation tun würden.

Das heißt nun nicht, daß das Kind im ersten Lebensjahre ein überaus emp-
findliches Wesen ist. Weder üben alle Reize noch alle Erlebnisse einen solchen
außerordentlichen Einfluß aus. Es handelt sich vielmehr um etwas, dessen
Verständnis dem Erwachsenen Schwierigkeiten bereitet: Das uns Erwachsenen geläufige Wertsystem der Erfahrungen gilt im ersten Lebensjahre nicht.
Ereignisse, die dem Erwachsenen katastrophal erscheinen würden, werden
kaum wahrgenommen. Entzieht man dem Erwachsenen für fünfzehn Minuten den Sauerstoff, so ist das eine Katastrophe, die wahrscheinlich den
Tod zur Folge hätte. Dagegen sind fünfzehn Minuten Sauerstoffmangel
während des Geburtsvorganges für das Kind ein normales Erlebnis.

Aber es ist ein Irrtum, daraus zu schließen, daß das Kind gegen alle Gefahren
geschützt ist, daß es, weil es uns nicht sagen kann, was es leidet, keinen
Schmerz empfindet. Diese Meinung hat in der Vergangenheit zu unglaub-
lichen Grausamkeiten an Säuglingen geführt, die auch heute noch vorkommen. Man hat mir erst kürzlich berichtet, daß es Chirurgen in ange-
sehenen Krankenhäusern gibt, die die Gewohnheit haben, an wehrlosen
Säuglingen die Mastoidektomie ohne jede Anästhesie auszuführen; das
hinterläßt gewiß unauslöschliche Traumata im Kinde.

Es gibt, wie gesagt, Ereignisse, die vom Säugling kaum wahrgenommen
werden, dem Erwachsenen aber katastrophal erscheinen; ebenso kommt der

umgekehrte Fall vor. Veränderungen der Umwelt, des Milieus, die dem Erwachsenen ganz unbedeutend erscheinen, können für ein Kind während des ersten Lebensjahres von tiefgreifendem Einfluß sein und sogar zu unerwarteten und unberechenbaren Folgen führen. Man erinnere sich nur der ergreifenden Szenen aus dem Film von Robertson: *Ein Zweijähriger muß ins Krankenhaus* (A Two-Year-Old goes to Hospital) (1952). Robertson schildert das Trauma, das ein Zweijähriges erleidet, wenn es von der Familie getrennt und ins Spital geschickt wird. Es ist ein affektives Trauma, und wir haben ähnliche im Laufe unserer Studien beobachtet und deren schwerere Formen in Aufsätzen und Filmen veröffentlicht. Solche affektiven Traumata bedeuten für den Erwachsenen keinerlei Gefahr. Aber für das hilflose Kind im ersten Lebensjahre können sie lebensbedrohend sein, besonders, wenn sie es in einer wichtigen Übergangsphase treffen. Die Verletzbarkeit des Kindes in den Übergangsstadien der Entwicklung ist eben eine besonders große.

3. Der erste „Organisator"

Im Rahmen dieser Entwicklung gibt es jedoch Epochen von ganz spezifischer Bedeutung, im Verlauf derer eine Richtungsänderung, eine wichtige Umgestaltung der psychischen Struktur, ein Sich-Entfalten stattfindet. Dies sind besonders verletzliche Perioden, in welchen ein Trauma spezifische und ernsthafte Folgen hat.

Das Vorhandensein derartiger Entwicklungsstufen während des ersten Lebensjahres hat mich veranlaßt, sie mit einem aus der Embryologie entlehnten Begriff, nämlich als „Organisatoren" zu bezeichnen. In der Embryologie nennt man bestimmte Strukturen, die sich an einem Punkt bilden, an dem verschiedene Entwicklungslinien sich vereinigen, „Organisatoren". *Vor* dem Auftreten eines solchen Organisators kann ein Gewebsstück von einem Ort an einen anderen verpflanzt werden, wo es sich dann ebenso wie das es umgebende Gewebe entwickelt, das heißt, es paßt sich dem neuen Milieu an. Transplantiert man aber das gleiche Gewebsstück *nach* dem Entstehen des Organisators, so entwickelt es sich genau so, wie es sich an seinem ursprünglichen Platz entwickelt hätte.

Vor nunmehr 25 Jahren habe ich diesen Begriff auch auf die psychische Entwicklung des Säuglings zum ersten Male angewandt. Damals habe ich die Organisatoren als kritische Punkte in der Entwicklung des Kindes bezeichnet. Seither habe ich viele Jahre hindurch eine Reihe von Kindern beobachtet.

Die Existenz kritischer Perioden in der Entwicklung hat sich nicht nur beim

Kind bestätigt, sondern wurde unabhängig von meinen Untersuchungen von Scott (1950) in Tierversuchen gefunden. Meiner Meinung nach scheint es, als ob in diesen kritischen Perioden eine Integrierung der in den verschiedenen Sektoren der Persönlichkeit operierenden Entwicklungsströmungen miteinander einerseits, mit den Reifungsprozessen andererseits stattfinden würde. Das ist offenbar ein heikler Prozeß; die vollendete Integrierung ergibt dann das, was ich einen Organisator genannt habe.

Einen von diesen Organisatoren haben wir in den vorhergehenden Kapiteln beschrieben: die soziale Reaktion des Lächelns am Ende des dritten Lebensmonates ist das Symptom dafür, daß die Integrierung stattgefunden hat. Mit anderen Worten ist dieses dirigierte intentionelle Lächeln an sich *nur* ein sichtbares Symptom; das Wesentliche ist die Konvergenz einer Anzahl verschiedener Entwicklungstendenzen sowohl psychischer wie körperlicher Natur, die zu diesem Zeitpunkt bündelartig zusammengefaßt wurden und von nun ab eine neue Organisation auf höherer „Komplexität", auf höherem Niveau bilden.

Wiederholen wir einige der wesentlichsten Aspekte, deren Symptom die soziale Reaktion des Lächelns ist: Das Kind wendet sich vom Empfang innerer Sensationen den äußeren Wahrnehmungen zu. Es beginnt, sich vom Realitätsprinzip leiten zu lassen. Das Vorbewußte und das Unbewußte bilden sich und differenzieren sich voneinander. Die ersten Spuren des Ichs treten in Funktion. Eine Wendung von der Passivität zur Aktivität findet statt. Erfassen wir diese verschiedenen Aspekte als Facetten eines einheitlichen Geschehens, so wird uns klar, daß damit eine neue Ära, eine neue Lebensweise für das Kind begonnen hat, die sich grundlegend von der vorhergehenden unterscheidet und sich auch in seinem Verhalten äußert.

In der zweiten Hälfte des ersten Lebensjahres werden wir einem ähnlichen Phänomen begegnen und weiter unten davon als dem zweiten Organisator sprechen. Für unser Verständnis der kindlichen Entwicklung ist es wesentlich festzuhalten, daß, wenn es dem Kinde gelingt, einen Organisator in normaler Weise zu konsolidieren, es von hier aus die nunmehr bestehenden Systeme seiner Persönlichkeit wiederum in normaler Weise in der Richtung auf den nächsten Organisator weiterentwickeln kann. Scheitert dagegen diese Konsolidierung des Organisators, dann verbleiben die im Austausch mit der Umwelt sich bildenden psychischen Entwicklungssysteme auf der dem Organisator vorangehenden diffusen, undifferenzierten Stufe. Die Reifungsprozesse dagegen schreiten weiter fort, da sie in den Anlagen festgelegt und gegen die Umwelteinflüsse unempfindlicher sind als die Entwicklungsprozesse. So entsteht eine Gleichgewichtsstörung in der Gesamtpersönlichkeit, die Abweichungen von der Norm und Entwicklungsfehler zur

37

Folge haben muß. Diese Störungsmöglichkeit ist eine sehr charakteristische Eigenart der sich entwickelnden kindlichen Psyche und trägt wesentlich zu ihrer Plastizität bei.

4. *Die Abwesenheit des Ichs*

Die dritte Ursache für die Plastizität der kindlichen Persönlichkeit während des ersten Lebensjahres ist das Fehlen einer festgegründeten und deutlich differenzierten psychischen Struktur. Die psychoanalytische Theorie lehrt, daß das Ich diejenige psychische Instanz ist, die den Verkehr zwischen Innenwelt und Umwelt vermittelt. Das Ich bedient sich zahlreicher Systeme für die Funktionen der Meisterung und der Abwehr, d. h. zum Zwecke der Abfuhr unnötiger oder schädlicher Spannungen, zum Zwecke der Abwehr von Reizen, die das Individuum nicht wahrnehmen möchte, für die Aufnahme von Reizen, die dem Ich nützlich erscheinen, für die Anpassung an Reize, für die Vernichtung von Reizen und für eine unendliche Zahl anderer Möglichkeiten der Wechselbeziehung mit der Außenwelt.

Das Neugeborene besitzt jedoch kein Ich. Es kann sich mit den eintreffenden Reizen nicht auseinandersetzen und schützt sich gegen sie durch die erhöhte Wahrnehmungsschwelle. Sind aber die Reize intensiv genug, so kommt es zur Durchbrechung dieser Schranke (von Freud als Reizdurchbruch bezeichnet) und damit zu einer Beeinflussung der undifferenzierten und erst in der Zukunft sich bildenden Persönlichkeit des Kindes.

Im weiteren Verlaufe der Entwicklung werden einerseits rudimentäre Ansätze der Persönlichkeit gebildet, andererseits wird die Wahrnehmungsschwelle niedriger. Von außen kommende Reize können nun diese rudimentäre Persönlichkeit verändern und sie dadurch zwingen, sich zu formen, indem sie auf eben diese Reize reagiert, in der sich die Reaktion strukturiert und eine Vorstufe des Ichs bildet. Dieses hat nun die besondere Aufgabe, zu entscheiden, wie die aus dem Inneren oder aus dem Äußeren kommenden Reize zu handhaben sind.

Das aber ist erst ein Beginn des Ichs. Seine Entwicklung in bezug auf Organisation, Wirksamkeit, seine Kraftreserven, seine Stärke erstreckt sich über Monate und Jahre in einem stetigen Austausch, in welchem das Ich den Reiz zu bewältigen sucht und an eben dieser Bewältigungsaufgabe sich weiterbildet. Mit anderen Worten, das Ich entsteht und wächst an der Bewältigung der Reize der Umwelt sowohl wie der Innenwelt, es gestaltet sich in der Vermittlung zwischen beiden. Es ist der Ort ununterbrochen fortschreitender Veränderungen, und wir haben kaum erst begonnen, diese progressiven Veränderungen zu erforschen.

Das Gesagte könnte die Vorstellung erwecken, daß das Kind während des ersten Lebensjahres einem gewaltsamen Ansturm von persönlichkeitsverändernden Erlebnissen ausgesetzt wäre. Das ist keineswegs der Fall. Die formenden Kräfte sind keine gewaltsamen. Wir werden sie in den folgenden Kapiteln untersuchen.

V. DIE FORMENDEN KRÄFTE
IN DER MUTTER-KIND-BEZIEHUNG

Wir haben auf den vorhergehenden Seiten versucht, den Säugling von verschiedenen Gesichtspunkten aus zu betrachten und darzustellen. Es ist klar, daß diese Gesichtspunkte nicht voneinander getrennt werden können. Sie sind nicht nur voneinander abhängig, sondern sie bilden eine Ganzheit. Indem wir diese Aspekte nacheinander einzeln beleuchten, betrachten wir lediglich diese Ganzheit von verschiedenen Gesichtspunkten: Von dem Gesichtspunkt der Reifung, wenn wir von fortschreitenden Übergängen sprechen; vom Gesichtspunkt der Struktur, wenn wir vom Ich sprechen. Die Ganzheit „Säugling" enthält sehr viel mehr, vor allem die kongenitale Apparatur, die von dynamischen Vorgängen in Gang gehalten wird. Diese dynamischen Vorgänge sind affektiver Natur. Durch sie erhält die Ganzheit „Säugling" Leben und Initiative.

Auf diese lebende, aktive, reagierende, sich entwickelnde Ganzheit treffen die formenden Kräfte der Umwelt (oder einfacher, der Mutter). Im folgenden werden wir die Wechselbeziehung zwischen den formenden Kräften und der Ganzheit „Säugling" betrachten, und zwar unter dem Gesichtspunkt von Handlungen und Reaktionen, die von der Mutter provoziert werden. Natürlich handelt es sich nicht um eine „Provokation" im üblichen Sprachgebrauch. Schon allein die Gegenwart, die Existenz der Mutter bildet einen Reiz für die Reaktionen des Säuglings; ihre unscheinbarsten Handlungen, selbst wenn sie nicht auf den Säugling abzielen, wirken als Reize. Im Rahmen der Herstellung der Objektbeziehungen sind jene Tätigkeiten der Mutter, welche Handlungen des Säuglings hervorrufen, nur die gröbsten und am deutlichsten bemerkbaren Formen des Reizaustausches innerhalb dieser Zweiheit. Wir werden später von subtileren Formen sprechen. Halten wir für den Augenblick fest, daß die Entwicklung der verschiedenen Persönlichkeitsbereiche des Kindes dadurch möglich wird, daß es durch die Handlungen, in die es seine Triebe umsetzt, Befriedigung erfährt. Handlungen, die ihm gelingen, bereiten ihm Vergnügen. Es wiederholt sie und lernt sie zu beherrschen. Handlungen dagegen, die regelmäßig erfolglos verlaufen, werden wieder aufgegeben.

Das ist ein dem „trial and error" (Erfolg und Mißlingen) analoger Lernvorgang; die Mutter wird diejenigen Handlungen begünstigen, die *ihr* Freude machen. Sie lenkt den Säugling demnach gemäß ihren eigenen Neigungen. Ist ihre Haltung mütterlich und zärtlich, so wird sie sich über jede neue Aktivität ihres Kindes freuen.

Ihr freudiger Affekt, ihre erfreute Haltung erleichtert dem Kinde so eine Unzahl der verschiedensten Handlungen, möge ihre eigene Haltung bewußt oder unbewußt sein. Ich bin sogar der Meinung, daß es gerade die unbewußten Haltungen der Mutter sind, die die Handlungen des Säuglings am meisten begünstigen. In dieser unbewußten mütterlichen Haltung kommen Wünsche zum Ausdruck, Wünsche sowohl im Sinne der Erfüllung wie der Vermeidung, affektive Hemmungen wie unbewußte Reaktionen.

In meinem Film „Shaping the Personality" (Die Formung der Persönlichkeit) (1953 b) habe ich zehn Beispiele solcher mütterlicher Beeinflussung dargestellt. Diese Beispiele sind Extremfälle — das müssen sie sein, sonst ließen sie sich nicht mit Hilfe der Kamera darstellen. Aber sie übermitteln uns eine Ahnung von den nicht faßbaren Elementen in der Mutter-Kind-Beziehung, sie schildern uns die Art und Weise, wie diese Einflüsse die Persönlichkeit des Kindes bilden und lenken.

Wir wollen jetzt diese nicht unmittelbar faßbaren Elemente und ihre Formen untersuchen. Zur Vereinfachung der Terminologie werde ich diesen Vorgang mit dem Begriff „Formung" bezeichnen. Es versteht sich von selbst, daß es sich bei dieser Formung nicht um einen einseitigen Prozeß handelt, sondern um eine Serie von Wechselwirkungen innerhalb eines sozialen Rahmens. Dieser soziale Rahmen wird von dem Paar Mutter — Kind gebildet, durch eine „Masse zu zweien", wie Freud sie genannt hat (1921) oder „Zweiheit" (Dyade), wie ich sie gern mit einem Ausdruck des deutschen Soziologen Georg Simmel (1908) bezeichne. Die Vielzahl der Ausdrücke, mit dem man dies Paar zu benennen versucht hat, beweist, daß es sich um eine ganz besondere Beziehung handelt. Sie ist bis zu einem gewissen Grade von der Umwelt isoliert, außerordentlich starke Bande halten sie zusammen. Es sind affektive Bande, und wenn man die Liebe als einen Egoismus zu zweit bezeichnet, so trifft dies für die Mutter-Kind-Beziehung hundertfach zu.

Indessen bleibt alles, was sich im Innern der Dyade abspielt, ziemlich geheimnisvoll. Man kann noch verstehen, wie die mütterliche Intuition, durch die Intelligenz und Erfahrung des Erwachsenen ergänzt, die Bedürfnisse des Säuglings zu erraten lernt. Selbst in dieser Hinsicht bleibt manches im dunkeln. Ich erinnere nur an das, was Freud mit dem Begriff „Ammenschlaf" (1900) beschrieben hat: Mütter, die vom Lärm der Straße nicht aus dem Schlaf geweckt werden, wachen auf den leisesten Laut ihres Kindes auf.

Doch was geht in dem Säugling vor? Wie nimmt er die bewußten oder unbewußten Haltungen der Mutter wahr? Denn wenn er sich nach den Wünschen der Mutter formen soll, muß er sie ja erst einmal auf irgendeine Weise wahrnehmen. Da nun diese Formung unzweifelhaft stattfindet, so muß ein gangbarer Weg der Kommunikation zwischen Mutter und Kind bestehen. Freud hat das übrigens 1895 in der oben zitierten Arbeit angedeutet (1950).

1. Die Kommunikation innerhalb der Mutter-Kind-Zweiheit

Das Problem der Kommunikation [5] zwischen Mutter und Kind im präverbalen Stadium hat eine außerordentliche Bedeutung sowohl in theoretischer, therapeutischer als auch prophylaktischer Beziehung. Es ist ein Problem, mit dem sich unsere Wissenschaft bisher nur wenig befaßt hat. Zuweilen kamen Psychologen wie Psychoanalytiker, die sich damit beschäftigten, zu absurden Hypothesen, wie z. B., daß solche Kommunikationen zwischen Mutter und Kind auf Telepathie oder extrasensorieller Wahrnehmung beruhen (Broad, 1949; Murphy, 1947, 1949, 1949 a).
Auf dem Gebiete extrasensorieller Wahrnehmung bin ich nicht kompetent. Ich beschränke mich auf das Experiment und die Beobachtung und halte es mit Newton: „Hypotheses non fingo" — ich erfinde keine Hypothesen. Ich habe das Problem der Kommunikation zwischen Mutter und Kind vom Standpunkte des experimentellen Beobachters untersucht. Zahlreiche solche Untersuchungen werden in der Zukunft hinzukommen müssen. Es ist möglich, ja wahrscheinlich, daß man zukünftige Untersuchungen über dieses Problem nach den Gesichtspunkten der Kommunikationstheorie anordnen muß. Letzteres ist ein Gegenstand, der eine wachsende Zahl von Forschern beschäftigt. Ihre Mehrzahl gehört der Schule der Kybernetiker an, es sind Mathematiker und Physiker, denen sich neuerdings auch Neurologen und Psychiater angeschlossen haben.
Um die Kommunikationsmittel zwischen Mutter und Kind zu verstehen, wollen wir gewisse analoge Phänomene im Tierreich heranziehen. Die Tiere verfügen über Kommunikationsmittel, die je nach den einzelnen Arten variieren. Wie von Frisch (1931) gezeigt hat, verständigen sich die Bienen mit Hilfe von etwas, das er als „Tänze" bezeichnet hat. Verhaltungsforscher wie Konrad Lorenz (1935) und Tinbergen (1951) haben bei Fischen, Vögeln und einer Reihe von Säugetieren gezeigt, wie die Kommunikation mit Hilfe bestimmter Verhaltensweisen zustande kommt. Diese Verhaltensweisen bestehen aus Signalen in Form von bestimmten Körperstellungen, welche Gestalt-Charakter besitzen, sowie aus bestimmten Lauten. Diese Verhaltensweisen des Subjekts enthalten keinerlei an ein anderes Individuum gerichtete Mitteilungen. Es sind Handlungen mit Aussagecharakter, wie sie Karl

---

[5] Was ist Kommunikation? Jede gerichtete oder nicht gerichtete Handlung einer oder mehrerer Personen, die Wahrnehmung, Gefühl, Empfindung, Denken oder Handeln einer oder mehrerer anderer Personen in beabsichtigter oder unbeabsichtigter Weise beeinflußt.

Bühler (1934) genannt hat. Sie bringen das zum Ausdruck, was ich mangels eines besseren Begriffs mit „Stimmungslage" bezeichnet habe, also eine Einstellung, die dem unmittelbaren Erleben des Subjektes entspricht. Es ist eine ungesteuerte und nicht gerichtete Reaktion auf einen vom Subjekt wahrgenommenen Reiz.

Die Reaktion eines zweiten Tiersubjektes auf diese Verhaltensweise mag nun so aussehen, als hätte es diese Verhaltensweise als eine an sich gerichtete Kommunikation „verstanden". Das ist aber eine Täuschung. In Wirklichkeit reagiert auch das zweite Subjekt bloß auf eine Reizwahrnehmung, nicht auf eine Mitteilung. Die Reizwahrnehmung als solche bewirkt in ihm ein Verhalten, das das Gegenstück, das gleiche oder eine Ergänzung des wahrgenommenen Reizes sein kann.

In der Entwicklung der menschlichen Sprache stellt diese Form primitiver Kommunikation den phylogenetischen Anteil dar, den wir alle bei der Geburt in Form der „Anlage" besitzen. Auf diesen phylogenetischen Anteil propft sich dann eine rein menschliche ontogenetische Entwicklung auf. Diese besteht in einer gerichteten Kommunikation, die mit Hilfe von semantischen Zeichen und Signalen operiert. In ihrer höchsten Entwicklung führt sie zur symbolischen Funktion.

Das Kommunikationssystem Mutter-Kind, das sich in den ersten Lebensmonaten vor der Entstehung von Objektbeziehungen bildet, gründet sich auf diese soeben beschriebene phylogenetische Anlage. Wir haben bei der Besprechung der phylogenetischen Kommunikationsformen erwähnt, daß sie Aussagecharakter besitzen, das heißt, daß sie aus Affekten hervorgehen und ungerichtet sind. Außerdem bedienen sie sich einer „Körper-Sprache" (Kris, 1953).

Wir wollen mit dem Aussagecharakter, dem affektiven Aspekt und der Nichtgerichtetheit dieses Kommunikationssystems beginnen. Wenn wir das Vorhandensein von Kräften annehmen, die die plastische Persönlichkeit des Kindes formen, so werden sie durch dieses Kommunikationssystem übermittelt. Die Kommunikation findet innerhalb der Dyade statt und stellt innerhalb der Dyade selbst einen zirkulären Resonanzprozeß dar. Es ist klar, daß diese Art Kommunikation sich von der uns beim Erwachsenen geläufigen erheblich unterscheidet. In den folgenden Kapiteln werden wir versuchen zu beschreiben, auf welche Weise sie stattfindet. Zunächst aber werden wir die wichtigsten Elemente definieren, durch die eine solche Kommunikation übermittelt werden kann. Diese sind: das Merkmal, das Zeichen, das Signal und das Symbol.

Merkmal ist etwas, das natürlicherweise an einem Gegenstand oder einer Situation wahrgenommen werden kann.

Zeichen ist etwas, das empirisch mit dem Erleben einer Situation oder eines Gegenstandes verknüpft ist.

Das *Signal* ist eine Wahrnehmung, die künstlich mit einem Gegenstand oder einer Situation verknüpft wird.

Das *Symbol* ist ein Zeichen, das die Aufgabe hat, einen Gegenstand, einen Akt, eine Situation, eine Erkenntnis darzustellen und gegebenenfalls zu ersetzen. In der Theorie der Kommunikation bleibt dieser Terminus denjenigen Denkoperationen vorbehalten, die von den abstrakten Funktionen Gebrauch machen. Wir werden uns daher im folgenden nicht mit ihnen beschäftigen.

Die besondere Kommunikation zwischen Mutter und Kind unterscheidet sich von den Kommunikationen zwischen Erwachsenen, einerlei ob zwischen zwei oder mehreren Personen, durch die Ungleichheit der Partner. Während die vom Kinde ausgehenden Kommunikationen lediglich *Zeichen* sind, sind die vom Erwachsenen ausgehenden Kommunikationen *Signale* und werden vom Kinde auch als solche wahrgenommen.

Wir können unsere Definition dieser beiden Begriffe nun vereinfachen: Das Zeichen ist der Oberbegriff, während man unter Signal den spezifischen Gebrauch eines Zeichens versteht; Zeichen bezeichnet eine gebräuchliche Verknüpfung zwischen einem Zeichen und einer Erfahrung, sei diese Verknüpfung eine zufällige oder absichtliche.

2. Die Rolle der Wahrnehmung

Wenn man von einem Kommunikationssystem spricht, muß man mit der Hypothese anfangen, daß die einzelnen Mitteilungen wahrgenommen werden. Indessen haben wir weiter oben die Meinung ausgesprochen, daß Wahrnehmungen im eigentlichen Sinn des Begriffes beim Neugeborenen zunächst noch nicht vorhanden sind und daß sie erst ganz allmählich, vom dritten Lebensmonat an, im Laufe des ersten Lebensjahres erworben werden.

Während der ersten sechs Lebensmonate und bis zu einem gewissen Grade darüber hinaus befindet sich der Wahrnehmungsapparat, das Sensorium, in einem graduellen Übergang aus dem, wie ich mit Wallon gesagt habe, koinästhetischen Zustand [6] (1945 a, 1925) in einen anderen. Später differenziert

---

[6] Koinästhetisch (vom Griechischen κοινός = gemeinsam und αἴσθησις = Sensibilität) bezeichnet ein Wahrnehmungs- und Aktionssystem, dessen Zentrum in der striopallidären Region, im Thalamus und im Hypothalamus liegt. Die psychischen Manifestationen dieses Systems sind die Empfindungen, die Affekte, und gewisse Attribute des Traumes, während seine somatischen Äußerungen visceral und postural sind. Die Qualität der Wahrnehmung des Systems beschreibt am besten das Adjektiv „sensitiv", denn es handelt sich um vage, diffuse Empfindungen, wie etwa gastro-intestinale, sexuelle, präcordiale Empfindungen usw. Die Exekutiv-Organe dieses Systems sind die glatten Muskelfasern, die sogenannten posturalen Muskeln, sowie die mimische Muskulatur, da diese ja auch Empfindungen und Affekte ausdrückt. Im Gegensatz zur phasischen Funktion der Skelettmuskulatur funktioniert sowohl die glatte wie die posturale Muskulatur in „tonischer" Weise, das heißt in einem viel langsameren Rhythmus.

sich der Wahrnehmungsapparat in eine diakritische Wahrnehmung, die den koinästhetischen „Empfang" überlagert. Der koinästhetische „Empfang", bei dem das Sensorium nur eine geringfügige Rolle spielt, findet auf dem Niveau der Tiefensensibilität und in ganzheitlicher Weise statt. Die Reaktionen, die durch diesen „Empfang" hervorgerufen werden, sind in gleicher Weise ganzheitliche Reaktionen, vergleichbar den viszeralen Reaktionen. Deshalb habe ich für die kindliche Psyche auf dieser archaischen Stufe den Begriff *Somato-Psyche* eingeführt.

Diese Art der Reizempfindung und diese Reaktionsform entsprechen daher einer Reihe von Reizen und Reizwahrnehmungen, die sich völlig von den uns beim Erwachsenen vertrauten Formen unterscheiden.

Betrachtet man diese Reizwahrnehmungen vom Standpunkt der Kommunikation, so handelt es sich um eine wortlose Kommunikation, die nicht gerichtet und die expressiv ist, d. h., sie findet auf dem Niveau der tierischen Kommunikationen statt.

Hier stellen sich drei Fragen:

1. Wie und warum ist das Kind fähig, diese Signale zu empfangen, wenn es noch nicht in der Lage ist, diakritische Signale wahrzunehmen?

2. In welcher Kategorie menschlichen Verhaltens finden sich diese Signale?

3. Warum entgehen sie dem Erwachsenen?

Die Beantwortung der ersten Frage ist nicht leicht. Das elementarste Niveau einer Kommunikation, das durch einen Lernvorgang erworben wird, finden wir beim bedingten Reflex, bei dem ein Zeichen oder Signal eine Reaktion des vegetativen Systems hervorruft. Es ist eine experimentell nachweisbare Tatsache, daß sich der erste bedingte Reflex beim Kind als Reaktion auf einen Reiz der Tiefensensibilität einstellt, d. h., er ist coenästhetisch: es ist ein Gleichgewichtsreiz. Andererseits kann gerade die Tatsache, daß die Wahrnehmung, das Sensorium, noch nicht funktioniert, die Wirkung des coenästhetischen „Empfanges" verstärken, denn nur die coenästhetischen Signale werden empfunden. Das coenästhetische Empfinden vollzieht sich im Innern des Körpers. Wenn es bei der Geburt nicht funktioniert, ist das Kind nicht lebensfähig. Wir dürfen deshalb voraussetzen, daß bei der Geburt die coenästhetischen Funktionen weitgehender als andere entwickelt sind.

Das diakritische System (von διά = durch und κρίνειν = trennen) bezeichnet jenes System, dessen Zentrum im Cortex liegt. Zu seiner Funktion gehören bewußtes Denken sowie intentionale, volitionale Handlungen. Die Wahrnehmungen dieses Systems erfolgen durch die Sinnesorgane, welche in annähernd quantifizierbarer Weise Intensität zu unterscheiden vermögen. Diese Wahrnehmungen sind ferner lokalisiert und umschrieben. Das Exekutivorgan dieses sensorischen Systems ist die quergestreifte Skelettmuskulatur der Gliedmaßen. Diese Muskulatur funktioniert phasisch, mit plötzlichen Kontraktionen und Erschlaffungen, entsprechend den jeweiligen Willensimpulsen.

Die zweite Frage ist leichter zu beantworten, und dasselbe gilt für die dritte. Die Zeichen und Signale, die vom Kinde während der ersten Lebensmonate aufgenommen werden, gehören folgenden Kategorien an: Gleichgewicht, Spannungen (der Muskulatur und anderer Organe), Körperhaltung, Temperatur, Vibration, Haut- und Körper-Kontakt, Rhythmus, Tempo, Dauer, Tonskala, Nuance der Töne, Klangfarbe und wahrscheinlich noch viele andere, die der Erwachsene wohl kaum wahrnimmt.

Dies führt uns zu unserer dritten Frage. Betrachtet man die Liste der hier angeführten Kategorien, so sieht man, wie weitgehend diese Empfindungskategorien aus dem Kommunikationssystem der Erwachsenen verschwunden sind. Die Erwachsenen haben diese Wahrnehmungskategorien durch Signale ersetzt, die sowohl der Kategorie der Semantik als auch der diakritischen Wahrnehmung angehören können. Diejenigen Erwachsenen, die die Möglichkeit haben, sich einer oder mehrerer dieser verlorengegangenen Wahrnehmungskategorien zu bedienen, gehören zu den Spezialbegabungen. Es sind Komponisten, Musiker, Tänzer, Akrobaten, Flieger und viele andere; aber es handelt sich dabei immer um Personen, die sich vom Durchschnitt des westlichen Menschen unterscheiden.

Der Durchschnittsmensch des Westens ist sich im allgemeinen der Phänomene nicht bewußt, die sich innerhalb seines eigenen Körpers abspielen. Was seine Mitmenschen betrifft, so hat er seine Aufmerksamkeit von der Wahrnehmung derartiger Phänomene ebenfalls abgezogen. Wahrnehmung und Gebrauch dieser Fähigkeiten verfallen meist der Verdrängung. Es fällt uns deshalb schwer, uns die Welt eines Wesens vorzustellen, dessen gesamtes Wahrnehmungssystem aus Kategorien besteht, die uns fremd geworden sind. Diese Spaltung zwischen der diakritischen Wahrnehmung des westlichen Menschen und der Tiefensensibilität des Kindesalters mag auch manche scheinbar übernatürliche Fähigkeiten erklären, z. B. die anscheinend mystische Wahrsagung der primitiven Völker. Primitive bewahren vielfach im Erwachsenenalter jene Sensibilität, die der westliche Mensch verdrängt; zumindest können sie oft zu diesem Wahrnehmungsmodus regredieren. Bei den Medien im hypnotischen Schlaf mag es ähnlich zugehen, desgleichen bei gewissen Geistesgestörten und vielleicht auch bei manchen Mystikern.

Aber für den Säugling sind die Signale, die durch das affektive Klima der Mutter-Kind-Beziehung gegeben sind, offensichtlich eine Kommunikationsweise, auf die der Säugling als Gesamtwesen reagiert. Diese ganzheitlichen Reaktionen werden von der Mutter in derselben Weise wahrgenommen.

Ich habe weiter oben bereits auf die gleichsam magische Sensibilität der Mutter ihrem Kinde gegenüber hingewiesen. Ich bin der Meinung, daß die Mutter während der Schwangerschaft und in der darauffolgenden Zeit die Fähigkeit des coenästhetischen Empfindens wieder gewinnt, die ihr verlorengegangen war. Es ist bedauerlich, daß die Experimentalpsychologen bis jetzt noch nicht den Versuch gemacht haben, die Unterschiede zwischen dem coenästhetischen Empfinden einer Mutter, die ihr Kind stillt, und einer Frau, die nie schwanger gewesen ist, zu untersuchen. Ich bin davon überzeugt, daß eine stillende Mutter unbewußt Signale wahrnimmt, die uns entgehen.

3. Die Affekte, die Wahrnehmung und die Kommunikation

Die affektiven Signale der mütterlichen Gemütsverfassung werden für den Säugling augenscheinlich zu einer Kommunikationsweise, die das Kind mit ganzheitlichen Reaktionen beantwortet. Dieser Austausch zwischen Mutter und Kind findet ständig statt, ohne daß die Mutter oder die Umwelt etwas davon merken. Dieses Kommunikationssystem zwischen Mutter und Kind übt einen steten unmerklichen Druck aus, der die kindliche Psyche formt. Natürlich ist es ein Kommunikationssystem, das zum großen Teil und, man könnte beinahe sagen, in seiner Gesamtheit keine unlustbetonten Reize für das Kind enthält. Wenn wir weiter oben von „stetem Druck" sprachen, so nur deshalb, weil uns für die Beschreibung dieser subtilen Vorgänge der rechte Begriff fehlt. Es handelt sich um eine Formung, einen nicht wahrnehmbaren und faßbaren Modellierungsprozeß. Dem Druck verbindet sich fallweise ein Ausweichen, um unter den dank der Reifung sich entfaltenden Funktionen eine Auswahl zu treffen und einige zu fördern, andere zurückzuhalten. Selbst der geschickteste Beobachter kann von diesen Vorgängen nur die allergröbsten wahrnehmen. Diese wahrnehmbaren Vorgänge habe ich in meinem Film *Shaping the Personality* (1953 b) darzustellen versucht. Was dort sichtbar wird, ist lediglich die Oberfläche, unter welcher die Verschiebungen affektiver Kräfte stattfinden, welche die Entwicklung in die eine oder die andere Richtung lenken, um so die Persönlichkeit und den Charakter des Kindes zu formen. Ich kann gar nicht genug betonen, daß in dieser Entwicklung traumatische Ereignisse kaum je eine Rolle spielen. Immer wieder ist es die kumulative Wirkung von Erlebnissen, von Reizen, von endlos wiederholten Reaktionen. Das gilt übrigens auch für die Pathologie von sich später entwickelnden Neurosen, in deren Ätiologie nur ausnahmsweise isolierte traumatische Ereignisse eine entscheidende Funktion haben. Auch hier ist es die Kumulativwirkung der Erlebnisse, ein Phänomen, von dem ich oft gesprochen habe. Beim Säugling habe ich diese formenden Kräfte das *affektive Klima* genannt und die Art seiner Wirkungsweise, besonders in der Ätiologie der Neurose, das Prinzip der Kumulation.

Wir wollen hier nicht auf eine Besprechung der Funktion der Affekte für Empfindung, Wahrnehmung, Denken und Handeln eingehen. Der akademisch geschulte Psychologe vermeidet diese Frage, wie auch das gesamte Problem der Affektivität, indem er von „Motivation" spricht. Die psychoanalytische Theorie hat seit ihren ersten Anfängen darauf bestanden, daß alle psychischen Funktionen, seien es Empfindungen, Wahrnehmungen, Denken und Handeln, eine libidinöse Besetzung zur Voraussetzung haben, das heißt, einen affektiven Prozeß. Das Kommunikationssystem zwischen Mutter und Kind, das wir soeben beschrieben haben, besteht von Geburt des Kindes an in einem wechselseitigen Affektaustausch und in affektiven Vorgängen. Diese Vorgänge und dieser wechselseitige Austausch unterscheiden sich von denjenigen, die wir bei unseren Kranken beobachten. Sie sind noch nicht mit anderen Faktoren durchsetzt, die aus der diakritischen Wahrnehmung oder aus einer sekundären Bearbeitung durch das Denken stammen. Die Wirkungen des affektiven Austausches zwischen Mutter und Kind sind überdies der direkten Beobachtung zugänglich. Mit anderen Worten, es sind affektive Vorgänge, die man sozusagen *in vitro* beobachten kann.

Es ist von besonderem Interesse, daß die Entwicklung der affektiven Wahrnehmungen und der affektiven Wechselwirkungen der Entfaltung jeder anderen Funktion vorausgeht. Diese anderen Funktionen werden sich später auf der vom affektiven Austausch geschaffenen Grundlage entwickeln. Diesen Entwicklungsvorsprung bewahren die Affekte nach unserer Beobachtung bestimmt bis zum Ende des ersten Lebensjahres. Auf Grund unserer Erfahrungen können wir zwar nicht behaupten, daß sie ihn noch später behalten, aber es scheint uns dies sehr wahrscheinlich.

Es wird den Psychoanalytiker nicht überraschen zu hören, daß die affektiven Beziehungen zwischen Mutter und Kind während des ersten Lebensjahres Bahnbrecher für alle anderen Entwicklungen sind. Die Entstehung des Objektvorläufers und seiner Beziehungen ermöglicht den Beginn von Beziehungen zu den „Dingen". Nachdem das Kind das menschliche Gesicht erkannt hat, vergehen zwei Monate, bis es ihm gelingt, die Flasche zu erkennen, ein „Ding", das ihm mehrmals täglich gezeigt wird, mit dem es täglich längere Zeit umgeht und die es mit der Bedürfnisbefriedigung in Beziehung bringt. Wie bei allen bisherigen Zeitangaben für das Auftreten und für die Dauer eines Phänomens sprechen wir auch hier von einem Mittelwert, von dem es beträchtliche Abweichungen gibt.

Die Tatsache, daß die erste im Leben des Säuglings hergestellte Beziehung einem menschlichen Partner gilt, ist von besonderer Bedeutung. Die gesamte spätere soziale Entwicklung des Kindes wird davon beeinflußt. Hier haben wir den Beginn einer Entwicklung vor uns, die das Kind schließlich dahin führen wird, ein Mensch, ein Sozialwesen, ein „Zoon politikon" zu werden.

In der Arbeit *The Smiling Response* (1946 a) habe ich gezeigt, daß all dies dank der Freigabe der Hand infolge des aufrechten Ganges des Menschen möglich wird. Diese Idee ist von Freud in der Arbeit *Das Unbehagen in der Kultur* (1930) ausgesprochen worden. Es ist ein spezifisch menschlicher Beginn der sozialen Wechselwirkungen. Hier kündigt sich die Entwicklung des mimischen Ausdrucks und seines semantischen Gebrauchs an; dieser letztere führt schließlich zur Entwicklung von Wort und Sprache.

In der Sprache wird das Gestalt-Signal durch semantische Signale ersetzt. Diese semantischen Signale werden zu Trägern der abstraktiven Funktionen des Ichs. Andererseits bewirkt diese Entwicklung eine fortschreitende Abnahme in der Verwendung von Körperhaltungen als Verständigungsmittel. In unserer Kultur wird die Körperhaltung des Menschen kaum mehr wahrgenommen. Der Psychoanalytiker muß sich üben, wenn er auch nur in der allgemeinsten Weise den Sinn der Körperhaltung seiner Patienten erfassen und genügend verstehen will, um sie in semantische Signale zu übersetzen (Freud, 1912; Deutsch, 1947, 1949, 1952).

Die Affektentwicklung in ihrer Eigenschaft eines Bahnbrechers für die Entwicklung der Wahrnehmung und anderer Leistungen ist jedoch nicht auf das Erkennen des Gestalt-Signals des mütterlichen Gesichts oder auf lustbetonte Affekte beschränkt. Die unlustbetonten Affekte spielen eine ebenso große Rolle. Deshalb haben wir sie im einzelnen untersucht. Ähnlich wie bei den lustbetonten Affekten haben wir mit Hilfe von Experimenten nachweisen können, daß die Entwicklung der sozialen Unlustaffekte der durch „Dinge" bedingten Unlust vorausgeht, und zwar während des ersten Lebensjahres um mindestens zwei Monate.

VI. UNLUSTAFFEKTE
(Die Achtmonatsangst)

Die lustbetonten Affekte und ihre Manifestationen entwickeln sich im Verlaufe der ersten drei Lebensmonate und sind durch das Phänomen des sozialen Lächelns gekennzeichnet; parallel mit ihnen verläuft die Entwicklung der unlustbetonten Affekte. Diese werden im Laufe der ersten drei Lebensmonate immer spezifischer; nach dem dritten Lebensmonat äußert das Kind Unlust, wenn der menschliche Partner es verläßt. Aber genau so, wie das Kind nur dem menschlichen Gesicht zulächelt, während ihm Dinge gleichgültig sind, zeigt es zu diesem Zeitpunkt auch keine Unlust, wenn ihm ein Spielzeug weggenommen wird. Nur wenn sein menschlicher Partner es verläßt, beginnt es zu weinen.

Mit dem sechsten Lebensmonat wird die Spezifität der lust- und unlustbetonten Reaktionen deutlicher und dehnt sich auf eine größere Anzahl von Reizen aus. Nimmt man dem Kind jetzt ein Spielzeug weg, so reagiert es mit Unlust.

Diese Beobachtung lehrt, daß in der Entwicklung der Wahrnehmung die Unlust- und die Lustaffekte eine parallele Stellung haben. Das Vorhandensein dieser beiden Affektkategorien ist für die normale Entwicklung von Wahrnehmung, Denken und Handeln notwendig. Im Verlaufe der späteren Entwicklung wird ihre Funktion aufs engste mit den verschiedenen psychischen Prozessen verknüpft. Es ist ebenso schädlich, das Kind während des ersten Lebensjahres von den unlustbetonten Affekten fernzuhalten, wie ihm die lustbetonten Affekte zu entziehen. Die beiden wirken bei der Bildung der Psyche zusammen. Inaktivierung des einen oder anderen dieser beiden Affekte kann nur zu einer seelischen Gleichgewichtsstörung führen. Dies zeigt den Irrtum derjenigen Erzieher, die absolute Nachgiebigkeit gegenüber dem Kinde empfehlen. Die Bedeutung der Versagung für die Erziehung kann gar nicht überschätzt werden, denn sie ist von der Natur selbst über uns verhängt. Sie beginnt mit der ungeheuren Versagung der Asphyxie während des Geburtsvorgangs, die die Umstellung der fötalen Zirkulation auf die Lungenatmung erzwingt; ihr folgen die wiederholten Versagungen, die der Säugling im Hunger- und Durstzustand erfährt und die ihn zur Aktivität und allmählich zur Entwicklung der Wahrnehmung veranlassen; darauf das Abstillen, das den Beginn der Loslösung von der Mutter bedeutet; und so fort.

Zwischen dem sechsten und achten Monat tritt eine folgenschwere Veränderung ein. Auf dieser Altersstufe ist die diakritische Unterscheidungs-

50

Abb. 10. Die Achtmonatsangst.

fähigkeit schon gut entwickelt. Jetzt lächelt der Säugling nicht mehr jeder beliebigen Person zu, die ihm die Gestaltfiguration des Lächelreizes bietet. Im Gegenteil, nunmehr unterscheidet er zwischen „Freund" und „Fremd" Wenn ein Fremder sich dem Kind jetzt in aktiver Weise nähert, zeigt es ein sehr charakteristisches Verhalten. Das kann von einem einfachen „schüchternen" Senken des Blicks bis zum Weinen und Schreien gehen, wobei eine von uns beobachtete Skala durchschritten wird, die der Art entspricht, in der das Kind seine Objektbeziehungen erworben hat. Es kann sich unter die Bettdecke verstecken, es kann sich im Bett auf den Bauch legen und den Kopf unter dem Bettlaken verbergen. Es kann sein Gesicht mit dem hochgehobenen Hemdchen zudecken oder sich mit den Händen die Augen zuhalten. Alle diese Verhaltensformen sind in meinem Film *Anxiety* (1953 a) festgehalten; man sieht dort, daß die Kinder den Kontakt mit Fremden verweigern, daß sie sich abwenden, daß sie Angst haben. Ich habe dieses Phänomen mit Achtmonatsangst bezeichnet; und ich halte es für die erste Manifestation von *Angst im eigentlichen Sinne* (1950 a).

1. Die Entwicklung der negativen
Affekte während des ersten Lebensjahres

Was verstehen wir unter „Angst im eigentlichen Sinne"? Ich unterscheide in der Entwicklung der Angst während des ersten Lebensjahres drei Stadien. Nach Freud ist der Prototyp der Angst die Geburtssituation, das Geburtstrauma. Aber Freud beschreibt die Geburtssituation ausdrücklich im begrifflichen Rahmen physiologischer Vorgänge und schließt ebenso ausdrücklich irgendein bewußtes Erleben des Geburtraumas aus. Ich habe den Geburtsvorgang in 45 Fällen von Entbindungen ohne Narkose oder Anästhetika beobachtet und das Verhalten des Säuglings in Filmen festgehalten. Ich habe diese Neugeborenen dann während der ersten zwei Lebenswochen weiter beobachtet und ihr Verhalten wiederholt gefilmt. Die ersten

Lebenswochen, d. h. eine Periode, die sich wahrscheinlich bis zur fünften oder sechsten Woche erstrecken kann, ist meiner Ansicht nach die erste Stufe in der Entwicklung der Angst. Doch die Unlustäußerungen dieser Periode (die durch Situationen hervorgerufen werden, die in einem späteren Alter Angst verursachen) sind weit entfernt davon, ein Ausdruck von Angst im eigentlichen Sinne zu sein. Sie sind vielmehr ganz archaische Unlustmanifestationen, Reaktionen auf physiologische Spannungszustände, und sind charakteristisch für die diffuse Art, in welcher die Unlust des Neugeborenen während der Periode der Nichtdifferenziertheit geäußert wird. In den nächsten acht Lebenswochen wird der Ablauf dieser Spannungvorgänge allmählich ein geregelter. Der unlustbetonte Spannungszustand verliert fortschreitend seinen diffusen Charakter. Der Spannungszustand wird in immer spezifischer werdenden Unlustsituationen geäußert. Er fängt an, nicht nur der Mutter, sondern auch dem geübten Beobachter verständlich zu werden. Das bedeutet, daß das unlustvolle Verhalten sich langsam von der bloßen Kundgabe der Unlust entfernt und sich in eine Art Signalkode, in eine Kommunikation umwandelt. Die Umwelt beginnt, die Bedeutung dieser Äußerungen zu verstehen und zu unterscheiden, wann das Kind hungrig ist, wann es Leibschmerzen hat, oder wann es den Wunsch ausdrückt, daß man es unterhalte. Diese Äußerungen des Kindes werden der Umwelt fortschreitend verständlicher, und infolgedessen sind die Reaktionen der Umwelt den vom Kinde kundgegebenen Bedürfnissen besser angepaßt. So vermag das Kind je nach der Häufigkeit der bedürfnisbefriedigenden Umweltreaktion, die es hervorrufen kann, eine Beziehung zwischen den eigenen Kundgaben und den Reaktionen der Umwelt herzustellen. Diese Entwicklung führt im dritten Lebensmonat zu einer Art von Kodifizierung einer Reihe auf die Umwelt gerichteter Signale im seelischen Apparat des Kindes.

Anstatt auf Zeichen aus seinem Inneren oder aus der Umgebung in primitiver Weise mit einem Reflex zu reagieren, kann das Kind nunmehr nach Belieben Signale aussenden, auf die die Umwelt in mehr oder weniger konsequenter Weise reagiert. Das bedeutet, daß das Kind nunmehr durch gerichtete Handlungen die Umwelt bestimmen kann, es von Unangenehmem zu befreien, und bald danach, ihm Erwünschtes zu vollbringen. Das ist der Übergang aus dem Stadium der reinen Kundgabe zum Stadium des Appells. Es ist der erste wichtige Schritt zur Einführung der Verständigung. Er wird im Verlaufe der Entwicklung schließlich zur Verständigung durch semantische Zeichen führen.

Nach dem dritten Monat wird im Seelenleben des Kindes eine wachsende Zahl von Erinnerungsspuren niedergelegt. Unter diesen finden sich solche, die genügend unlustbetont sind, um vom Kinde gefürchtet zu werden. So tritt im zweiten Drittel des ersten Lebensjahres ein Verhalten beim Kinde auf, das ich als *Furchtreaktion* bezeichnet habe. Damit haben wir das zweite Stadium in der Entwicklung zur „Angst im eigentlichen Sinne" erreicht. Während man im ersten Stadium (den physiologischen Spannungszuständen) eine Reaktion bei der Wahrnehmung *innerer* Gleichgewichtsstörungen beobachten kann, richtet sich die Furchtreaktion (zweites Stadium) auf einen Gegenstand der Umwelt, sei es eine Person oder ein Ding, mit dem das Kind unlustbetonte Erfahrungen gemacht hat. Wird dieser Gegenstand nun erneut vom Kinde wahrgenommen, so zeigt es eine Fluchtreaktion. Es ist dies eine Flucht vor einer realen Gefahr und ist der Beginn dessen, was Freud mit Realangst bezeichnet.

Aber das von mir weiter oben beschriebene Phänomen (der Achtmonatsangst), das zwischen dem sechsten und achten Monat auftritt, ist von diesem Verhalten völlig verschieden. Bei dieser Reaktion gegenüber dem Fremden, bei diesen Abwehr- oder Fluchtbewegungen antwortet das Kind auf einen Gegenstand oder eine Person, mit der es vorher keinerlei unlustbetonte Erfahrung gemacht hat. Die von uns beobachteten Kinder hatten nie schlechte Erfahrungen mit Fremden gemacht. Warum zeigen sie Angst oder zumindest Ängstlichkeit?

Eine exakte Beobachtung der Achtmonatsangst sollte in Abwesenheit der Mutter geschehen, denn in jenen Fällen, in welchen die Reaktion weniger ausgeprägt ist, wird sie in Gegenwart der Mutter nicht eintreten. Dagegen manifestiert sie sich bei Abwesenheit der Mutter in ihrer vollen Stärke. Sie ist das genaue Gegenstück zu dem glückseligen Lächeln, das die Gegenwart eines beliebigen Menschen beim Dreimonatskind auslöst.

Angesichts dessen, was wir im Laufe unserer Säuglingsbeobachtung erfahren haben, ist es sicherlich keine gewagte Hypothese, wenn wir annehmen, daß das Kind auf die Abwesenheit der Mutter mit Unlust reagiert. Wir fanden ja bei der Entwicklung der unlustbetonten Reaktionen, daß das Kind zwischen dem dritten und sechsten Monat Unlust äußert, wenn es vom erwachsenen Partner verlassen wird. Im Falle der Achtmonatsangst ist das Kind einerseits weiterentwickelt, andererseits reagiert es ja auf das Verlassenwerden durch die Mutter, die in diesem Alter bereits zu einer wirklichen Person, zum „Objekt" geworden ist. Bei der Annäherung eines Fremden findet sich das Kind in seinem Wunsch, die Mutter wiederzusehen, enttäuscht. Die auftretende Angst ist daher nicht eine Reaktion auf die Erinnerung an eine unangenehme Erfahrung mit einem Fremden, sondern eine intrapsychische Wahrnehmung der Nicht-Identität des Fremden mit dem Erinnerungsbilde der abwesenden Mutter. Es handelt sich also hier um eine Reaktion auf eine intrapsychische Wahrnehmung, auf die Reaktivierung einer wunschbedingten Spannung. Deshalb habe ich diese Reaktion als erste Manifestation von „Angst im eigentlichen Sinne" bezeichnet, und ich habe das Phänomen als Ganzes die Achtmonatsangst genannt [7].

Die Reaktion des *Dreimonatslächelns* zeigt, daß das Kind einen menschlichen Partner erkennt und eine neue Stufe der Entwicklung beschritten hat. Die *Achtmonatsangst* hat auf der nächstfolgenden Stufe die gleiche Bedeutung. Im Falle des Lächelns wird das Gestalt-Signal „Gesicht" mit den Erinnerungsspuren von menschlichen Partnern konfrontiert und akzeptiert, weil es ihnen homolog ist. Bei der Achtmonatsangst wird die Wahrnehmung des Gesichtes der fremden Person *als Gesicht* mit dem Erinnerungsbild des mütterlichen Gesichtes konfrontiert. Es erweist sich als von ihm verschieden und wird abgelehnt.

Dieses Funktionieren der Erinnerungsspuren zeigt uns, daß das Kind eine echte Objektbeziehung gebildet hat, daß die Mutter sein „Objekt" geworden ist. Gleichzeitig stellen wir den ersten Ansatz einer neuen Ich-Funktion bei ihm fest, nämlich die Urteilsfunktion. Diese ersetzt die primitiveren Formen der Abwehr durch eine intellektuelle Leistung. Mit diesem Schritt hat das Kind einen zweiten Abschnitt in seiner psychischen Entwicklung erreicht, der ihm neue Horizonte eröffnen wird.

---

[7] Die vorliegende Studie war bereits abgeschlossen, als eine Arbeit von L. Szekely publiziert wurde, in welcher er mehrere sinnreiche Hypothesen aufstellt, welche er über die Artentwicklung hinaus in die Phylogenese, in die Biologie zurückführt. Auf Grund dieser Hypothesen deutet er die von mir veröffentlichten Beobachtungen über das *Dreimonatslächeln* (1946 a) und die *Achtmonatsangst* (1950 a) und kommt dann zu Schlüssen, die den meinigen diametral entgegengesetzt sind. Er stützt sich auf die von Lorenz, Tinbergen und anderen gemachten Beobachtungen auf dem Gebiete der Tierpsychologie und reiht die Konfiguration „Augen-Stirn-Partie" in die „Auslöser"-Reize ein. Diese Konfiguration sei das phylogenetische Überbleibsel des Schemas „Feind" in der Tierwelt. Szekely behauptet nun, daß der Säugling während der ersten Lebensmonate auf das Gesicht der Mutter mit Angst reagiere. Diese Angst sei durch das Schema „Feind" hervorgerufen (Augen-Stirn-Partie), und das Lächeln des dritten Monats sei daher ein Anzeichen für die beginnende Beherrschung dieser archaischen Angst. Der Säugling vollbringe diese Beherrschung, indem er mit Hilfe einer libidinösen Besetzung die Partie „Augen-Stirn" in ein Partialobjekt verwandle. Die Achtmonatsangst andererseits sei die sichtbare Manifestation der Rückkehr dieses Partialobjektes zur ursprünglichen Eigenschaft des angeborenen angstauslösenden Reizes. Das sind im wesentlichen die Szekelyschen Schlußfolgerungen. Er betont wiederholt, daß es bisher keine experimentellen Beweise für diese Hypothesen gibt.
Die Ähnlichkeit zwischen dem Auslöser-Reiz bei den Tieren, der durch die von Lorenz (1935) beschriebene *Prägung* erworben wird, und der Rolle, die die Konfiguration „Augen-Stirn-Partie" beim Säugling spielt, hatte mich seit Beginn meiner Arbeiten beschäftigt. Ich habe sorgfältig geprüft, ob der die Reaktion des Lächelns bewirkende Reiz angeboren ist oder ob er wie die „Prägung" dank einer einzigen momentanen Wahrnehmung des neugeborenen Tieres erworben wird. Ich habe festgestellt, daß weder das eine noch das andere der Fall ist. Der Reiz für die Reaktion des Lächelns bildet sich mit Hilfe eines Prozesses, der dem Lernvorgang ähnlich ist und durch bestimmte und typisch menschliche Züge ergänzt wird (Spitz, 1946 a).
Was die andere Hypothese Szekelys betrifft, wonach der Säugling während der ersten Lebensmonate auf das Gesicht der Mutter mit Angst reagiere, so handelt es sich dabei um ein Phänomen, das ich bei den vielen hundert Kindern, denen wir von Geburt bis zum Alter von drei Monaten diesen Reiz (die Augen-Stirn-Partie, also die bevorzugte Gestalt, die das Gesicht der Mutter repräsentiert) einmal wöchentlich gezeigt haben, nie beobachten konnte.
Da beweisende Beobachtungen fehlen, scheint es mir gewagt, aus den für das tierische Verhalten geltenden Gesetzmäßigkeiten so ohne weiteres auf das Verhalten des Menschen zu schließen. Die moderne wissenschaftliche Methodik (Novikoff, 1945) lehnt die Übertragung von Gesetzen, die auf einer weniger differenzierten Stufe gelten, auf eine Stufe mit höherer Differenzierung ab. Solange kein schlüssiger Gegenbeweis erbracht wird, können wir daher die Szekelysche These zwar als eine interessante Spekulation ansehen, aber ihr keinen Platz im Rahmen unserer Annahmen einräumen.

2. Der zweite Organisator

Setzen wir das soeben Gesagte in den von mir aufgestellten begrifflichen Rahmen, so ist es offenbar, daß der zweite Organisator des ersten Lebensjahres in Funktion getreten ist. Das besagt gleichzeitig, daß die Zeit um den achten Monat eine kritische Periode ist (im Sinne von Scott) (1950). Damit beginnt das Kind einen neuen Entwicklungsabschnitt, in welchem sich sowohl seine Persönlichkeit wie sein Verhalten grundlegend ändern werden. Wir kommen später auf die ausführliche Besprechung der Änderungen zurück, welche die Konstituierung des zweiten Organisators zur Folge hat.

Eine offensichtliche Parallele besteht zwischen diesen Entwicklungsabschnitten der immer spezifischer werdenden Unlust einerseits und der schrittweisen Entwicklung und Konstituierung des Ichs andererseits. Gleichzeitig geht die progressive Entwicklung und Konstituierung des „Objektes" mit den Entwicklungsstadien des Ichs und den Entwicklungsstadien der Unlust parallel. Nur in unserer Darstellung sind die drei Entwicklungslinien voneinander getrennt. In Wirklichkeit sind sie natürlich ineinander- und zusammenwirkende Aspekte einer Ganzheit, die sowohl in zeitlicher Beziehung wie auch in Äußerungen eng miteinander verknüpft sind.

Erinnern wir die einzelnen Etappen: Das Erkennen des menschlichen Gesichtes zeigt die Bildung und die Konstitution eines Objektvorläufers an und kennzeichnet den ersten großen Abschnitt in der Entwicklung der Objektbeziehungen. Das Phänomen der Achtmonatsangst, das normalerweise drei bis vier Monate darnach auftritt, zeigt an, daß das Kind dem Gesichte der Mutter eine Sonderstellung unter allen anderen menschlichen Gesichtern verliehen hat. Es bevorzugt das Gesicht der Mutter und lehnt alle anderen Gesichter ab, die sich davon unterscheiden. Meines Erachtens ist dies das Kriterium für die Konstitution eines „Objektes" im eigentlichen Sinne. Vom behavioristischen Gesichtspunkte zeigt das Phänomen der Achtmonatsangst freilich nur, daß ein Objekt im optischen Bereich konstituiert ist. Gehen wir aber über die selbstauferlegten Beschränkungen des behavioristischen Zugangs hinaus und versuchen wir, den *Sinn* des kindlichen Verhaltens in der Achtmonatsangst zu erfassen, so belehrt uns der Affektanteil des Phänomens, nämlich die *Angst,* eines besseren. Nicht nur im optischen Bereich, auch im affektiven — und wir können getrost sagen, vor allem im affektiven Bereich — ist hiermit das Objekt konstituiert.

Die Voraussetzung der Existenz des „Objektes" ist seine Unverwechselbarkeit mit jeder anderen Erscheinung. Einmal konstituiert, kann es vom Kinde mit nichts anderem verwechselt werden, so daß mit ihm jene engen Beziehungen geknüpft werden können, die dem Objekt seine einmaligen und einzigartigen Qualitäten verleihen. Die Achtmonatsangst ist der Beweis, daß das Kind alles außer dem einzigartigen Objekt ablehnt, mit anderen Worten, daß das Kind jenen Partner gefunden hat, mit welchem es echte Objektbeziehungen herstellt.

Diese Erwägungen geben uns auch Auskunft darüber, worin der zweite Organisator besteht:

Im Physikalisch-Körperlichen ist die Myelinisation der Nervenbahnen weit genug fortgeschritten, um die gerichtete Funktion der verschiedenen Organe des Sensoriums zu ermöglichen, um die Koordination der Effektoren zu gestatten, um fallweise die entsprechenden Muskelgruppen in den Dienst von Handlungsfolgen zu stellen und um die dafür als Ausgangspunkt notwendige Körperhaltungs- und Gleichgewichtsregelung zu erlauben.

Im Denkapparat hat die Niederlegung einer wachsenden Zahl von Erinnerungsspuren die Grundlage für Denkoperationen fortschreitender „Komplexität" geschaffen. Die Denkoperationen ihrerseits erlauben dem Säugling die Durchführung einer fortwährend steigenden Anzahl gerichteter Handlungsfolgen, die immer vielgestaltiger werden. Damit ist eine der Unterlagen für die Schaffung von Ich-Systemen gegeben, und zwar vorwiegend in der konfliktfreien Sphäre des Ichs.

Schließlich die psychische Organisation: Reifung und Entwicklung der congenitalen Apparatur haben es ermöglicht, die Effektoren in den Dienst gerichteter Handlungsfolgen zu stellen, welche es dem Kinde erlauben, eine intentionelle Abfuhr von Affektspannungen durchzuführen. Dadurch wird eine Entlastung in der Ökonomie des seelischen Haushalts bewirkt, welche nicht nur eine besser organisierte Bedürfnisbefriedigung, sondern auch eine zielgerichtete Lustgewinnung gestattet. Die Organisation des Ichs wird aus den verschiedensten Quellen bereichert, strukturiert und gegen Es und Außenwelt abgegrenzt. Die Bereicherung erfolgt durch die wachsende Anzahl von Systemen, entwickelt im Gefolge eines Austausches von affektiv getönten Handlungen, welche sich zwischen dem Kind und der Umwelt, insbesondere dem in der Konstituierung begriffenen Objekte, abspielen. Gleichfalls im Gefolge dieser Wechselwirkungen findet die beginnende Abgrenzung eines Selbst gegen die Umwelt statt, die Abgrenzung des Ichs gegen das Es und die Abgrenzung einzelner Systeme innerhalb des Ichs.

Die entscheidende Rolle in dieser Konstituierung des Ichs in seiner Strukturierung und Abgrenzung spielt die Differenzierung der Aggression von der Libido und die Schicksale dieser beiden Triebe im Verlaufe des ersten Lebensjahres. Auch auf diese Frage der Triebdifferenzierung, Triebmischung und -entmischung werden wir weiterhin zurückkommen. Doch wollen wir schon hier festhalten, daß ein enges Zusammenwirken zwischen den Triebschicksalen einerseits und den Phasen der Konstituierung des Objektes andererseits besteht, welches in engster Verknüpfung mit der fortschreitenden Entwicklung der Wahrnehmung, der Apperzeption, der körperlichen Koordination und des aktiven, intentionellen, zielgerichteten Handlungsaustauschs operiert und deren Kulminationspunkt wir eben als den zweiten Organisator bezeichnet haben. Fügen wir noch hinzu, daß wir damit noch keineswegs den Reichtum an Faktoren erschöpft haben, aus denen sich der zweite Organisator zusammensetzt. Wir wollen nur erwähnen, daß wir zwar von den Systemen des Ichs gesprochen haben, doch nicht von seinen Funktionen. Unter diesen stehen die Abwehrmechanismen, die ja besonders zu Beginn fast noch mehr der Anpassung dienen als der eigentlichen Abwehr, an prominenter Stelle. Wir sehen nach vollzogener Objektfindung einzelne dieser Mechanismen in einer Form funktionieren, wie uns das beim Erwachsenen geläufig ist. Schließlich werden wir im weiteren Verlauf unserer Ausführungen auch auf die Bedeutung des zweiten Organisators unter dem Gesichtspunkte seiner Pathologie zurückkommen.

Das Alter, in welchem die Achtmonatsangst beobachtet werden kann, ist innerhalb recht weiter Grenzen variabel. Man könnte vielleicht sogar sagen, daß die Abweichungen von der sogenannten Norm hier noch größer sind als bei den anderen von uns beschriebenen Phänomenen. Das ist im Wesen der Achtmonatsangst selbst begründet, denn sie ist das Resultat der Herstellung von Beziehungen zwischen zwei Individuen. Ihr Zustandekommen hängt daher ab von der Fähigkeit dieser Individuen, derartige Beziehungen herzustellen, von ihrer individuellen Persönlichkeit und von einer Anzahl anderer Faktoren, die zufälliger Natur sein können oder durch die kulturellen Bedingungen gegeben sind.

3. Kulturelle Abweichungen

Die Mehrzahl unserer Untersuchungen wurden innerhalb des westlichen Kulturkreises an Versuchspersonen der weißen, schwarzen und indianischen Rasse durchgeführt. Es gehört zur Tradition dieses kulturellen Milieus, daß enge Beziehungen zwischen dem Säugling und einer einzigen Mutter bestehen. Die Art dieser Beziehungen kann fallweise verschieden sein. Wir werden bei der Besprechung pathologischer Zustände sehen, welch große Unterschiede in diesen Beziehungen bestehen hönnen, sowie, daß manche ihrer Formen krankheitverursachend sein können. Wir werden auch sehen, wie die Art der Objektbeziehungen und die Konstitution des Objektes durch solche abweichende Formen der Mutter-Kind-Beziehung beeinflußt werden können.

Eine kulturelle Tradition, bei der der Kontakt zwischen Mutter und Kind in einer Weise geregelt wird, die von der bei uns üblichen verschieden ist, führt zu erheblichen Abweichungen im zeitlichen Erscheinen der Objektbeziehungen und in der Natur dieser Beziehungen selbst. Man kann in den Berichten moderner Anthropologen manche Hinweise darauf finden. Margaret Mead hat z. B. zahlreiche Kulturen beschrieben, deren Tradition der Kindererziehung von der unsrigen bedeutend abweicht. Bei den Balinesen (1951) z. B. ersetzt der Vater die Mutter des Kindes in einem sehr frühen Alter; bei den Samoanern (1928) scheint die Vielzahl der mütterlichen Personen zu Objektbeziehungen diffuser Natur zu führen. Anna Freud hat in ihren Beobachtungen an jungen Kindern, die von häufig wechselnden Kinderpflegerinnen aufgezogen wurden, dies letztgenannte Phänomen ebenfalls erwähnt. Sie konnten sich nicht an *eine* mütterliche Person binden, weil sie nicht vorhanden war, dafür war eine Neigung zur Bildung von etwas nach der Art der „gangs" nachweisbar (A. Freud, 1951).

Die Bedeutung derartiger Beobachtungen für unsere Kultur kann gar nicht überschätzt werden. Die geduldige und sorgfältige Erforschung der Folgen einer andersartigen Gestaltung der Mutter-Kind-Beziehung in den verschiedenen Kulturen verspricht, uns wertvolles Material zu erbringen. Sie wird uns helfen, Charakter- und Persönlichkeitsmißbildungen zu verhüten, und Hinweise auf die günstigsten Bedingungen für die Kinderpflege und die Kindererziehung liefern. Die von mir oben beschriebenen Phasen und Organisatoren der Objektbeziehungen sind nur ein grober Entwurf, der uns über die Entwicklung im ersten Lebensjahr einige Anhaltspunkte gibt. Es ist eine Darstellung, deren Einzelheiten noch unbekannt sind und die deshalb noch zahlreiche sowohl individuelle als vergleichend kulturgeschichtliche Studien erfordert.

Bis hierher haben wir hauptsächlich von der Phänomenologie der Objektbeziehungen gesprochen, von ihren strukturellen und ihren topischen Aspekten. Wir wollen sie jetzt vom dynamischen Gesichtspunkte betrachten und versuchen, die Rolle der Triebe klarzustellen. Es versteht sich von selbst, daß die libidinösen und aggressiven Triebe in gleicher Weise an der Bildung von Objektbeziehungen beteiligt sind. Die beiden Triebe sind jedoch bei der Geburt und während des anschließenden narzißtischen Stadiums noch nicht voneinander verschieden. Sie entwickeln sich allmählich; eine eingehende Besprechung der Entwicklung dieser beiden Triebe im Verlauf des ersten Lebensjahres würde den Rahmen dieser Abhandlungen überschreiten. Ich habe sie in meiner Arbeit „Aggression" (1953) näher beschrieben. Hier können wir nur einen Abriß über die Art und Weise ihrer Entwicklung geben. Die beiden Triebe trennen sich voneinander dank der während der ersten drei Lebensmonate zwischen Mutter und Kind stattfindenden Wechselwirkung. Diese Differenzierung erfolgt als Resultat einer Reihe voneinander unabhängiger Erlebnisse des Säuglings. Die Erlebnisse bleiben voneinander gesondert. Es sind voneinander isolierte Erlebnisse im speziellen Bereiche des einen oder des anderen Triebes.

Das ist die Situation, die wir vorfinden, wenn im Alter von drei Monaten der Objekt-Vorläufer sich gebildet hat. Diesem Stadium folgt eine etwa acht Wochen dauernde Übergangsperiode, während welcher eine schrittweise Entwicklung stattfindet. Es ist der Übergang vom Stadium des Objektvorläufers zum Stadium der echten Objektbeziehungen. Während des narzißtischen Stadiums und noch während der Übergangsperiode entfalten sich diese Triebe in Anlehnung an die Befriedigung der oralen Bedürfnisse. Diese Situation hat Freud im Auge, wenn er von der anaklitischen Entwicklung spricht (1905). Die oralen Bedürfnisse des Kindes werden von der Mutter befriedigt. Gegen sie richten sich sowohl die libidinösen als auch die aggressiven Triebe des Kindes. Wie gesagt, sind zu dieser Zeit die Erlebnisse im Bereiche eines jeden dieser Triebe voneinander isoliert.

Wir schließen uns Hartmann, Kris, Loewenstein (1946) an und sprechen von zwei Objekten, dem schlechten Objekt, gegen das sich die Aggression richtet, und dem guten Objekt, dem sich die Libido zuwendet. Man kann diese Epoche auch mit Abraham (1924) das vorambivalente Stadium nennen.

Aber der Beginn dieses Übergangsstadiums war durch das Entstehen eines rudimentären Ichs, das der zentrale Steuerungsapparat der Koordination ist, gekennzeichnet worden. Die Ich-Funktion während dieser Übergangszeit besteht in der Koordination und der allmählichen Verschmelzung der gesonderten Erlebnisse mit der entsprechenden Wahrnehmung der Umwelt.

Das Vorhandensein eines wenn auch noch rudimentären Ichs gestattet den Trieben die Abfuhr in Form gerichteter Handlungen. Durch diese gerichteten Handlungen, dieses Funktionieren, können sich die Triebe noch mehr voneinander differenzieren. Dieses Funktionieren macht es dem sich entwickelnden Ich des Kindes möglich, zwischen den aggressiven, auf das schlechte Objekt gerichteten, und den libidinösen, auf das gute Objekt gerichteten Trieben zu unterscheiden. Um den sechsten Monat herum findet eine Synthese statt. Unterdessen hat die Rolle, die das Ich im psychischen Haushalt des Kindes spielt, an Bedeutung zugenommen. Seine integrierende Funktion verbindet sich mit der unzählige Male wiederholten, an der Person der Mutter gewonnenen Erfahrung, um eine Vereinigung der beiden Objekte, des guten und des schlechten, auf die einzig wahrnehmbare Person der Mutter zu erzielen. Mit diesem Akt der Synthese werden beide Triebe auf ein einziges Wahrnehmungsobjekt gerichtet. Es ist also die Zusammenarbeit zwischen Wahrnehmung, Handlung und integrierender Funktion des Ichs, die zur Mischung der beiden Triebe führt. Und in diesem Augenblick findet die Bildung des „Objekts" im eigentlichen Sinne statt. Es ist der Beginn der echten Objektbeziehungen. Das ist in großen Zügen meine Auffassung von dem Zusammenwirken der Aggression und der Libido bei der Bildung der Objektbeziehungen.

Wenn wir uns an diese Skizze von der Rolle der beiden Triebe für die Objektbildung halten, ist es sofort klar, daß sowohl die Unterdrückung als auch Förderung eines von ihnen mit Notwendigkeit zu einer Fehlbildung der Objektbeziehungen führen muß. Da es die Mutter ist, die unterdrückt oder fördert, so ist es ihr Verhalten, das die Gestaltung der Objektbeziehungen bestimmen wird. Es ist ihr anheimgegeben, die Rolle des „guten" oder des „schlechten" Objekts zu betonen. Ich möchte von den unzähligen möglichen Einstellungen der verschiedenen Mütter absehen und statt dessen die Aufmerksamkeit auf die kulturelle Seite dieses Vorganges richten. Ich gebe hier zwei sehr einfache Beispiele, auf die wir später zurückkommen werden.

In den Vereinigten Staaten wurde in den Jahren nach dem ersten Weltkrieg und bis 1935 unter dem Einfluß des Psychologen Watson (1924) und der Schule des Behaviorismus das „schlechte Objekt" besonders betont. Während dieser Zeit stillte man die Kinder nach einem starren Zeitprogramm, die Mengen waren genau vorgeschrieben, und man kümmerte sich nicht darum, ob das Kind befriedigt war oder nicht. Gleichzeitig wurden die Mütter angewiesen, ihre Kinder nicht zu verwöhnen und sich aller Zärtlichkeiten zu enthalten.

Das Gegenteil trat in der Zeit zwischen 1935—1950 ein, und zwar mit der Einführung des Prinzips der „self demand schedule" (Stillen auf Verlangen), wie man es in den Vereinigten Staaten genannt hat; es besteht darin, daß man dem Kind Brust oder Flasche reicht, wenn es sie verlangt — das heißt, wenn es Unlust zeigt. Diese Methode hat in gewissen Fällen unvermeidlicherweise zu einer erheblichen Überfütterung des Kindes geführt.

Gleichzeitig ahnt man, wie in diesem fortschreitenden Verschmelzungsprozeß der beiden Triebe die vom „guten Objekt" gebotene Belohnung als Kompensation für die Missetaten des „schlechten Objekts" dienen kann. Diese Kompensation wiederum führt zur Stärkung einer Funktion von außerordentlicher Bedeutung, nämlich der Fähigkeit, Versagungen zu ertragen. Die Fähigkeit, Versagungen zu ertragen, ist es letztlich, die dem Realitätsprinzip zugrunde liegt. Denn das Realitätsprinzip stellt eine Umwegfunktion dar, die den Verzicht auf die unmittelbare Triebbefriedigung verlangt, um später zu einer adäquateren Befriedigung zu gelangen. Gleichzeitig ist es diese Fähigkeit, Verzicht auf sofortige Triebbefriedigung zu ertragen, die die Denkfähigkeit ermöglicht. Die Denkfähigkeit ihrerseits gestattet die Abfuhr der Triebe in gerichteten Handlungen. Das macht die Abfuhr der Aggression in gerichteter Form und mit Lustgewinn möglich und dient dazu, die Herrschaft über die Dinge der Umwelt zu erwerben. Man sieht an diesem Beispiel, wie die auf die Mutter gerichteten Objektbeziehungen die Voraussetzung für die Beziehungen zu den Dingen bilden. Aus dieser Tatsache erhellt ferner, wie wichtig es ist, daß es dem Säugling gelingt, die aggressiven und libidinösen Triebe auf einen Partner, die Mutter, zu vereinigen und zur Abfuhr zu bringen. Das ist einer der Gründe, warum wir die Konstituierung des „Objektes" im achten Lebensmonat als den zweiten Organisator für die weitere kindliche Entwicklung betrachten.

Wir haben mehrfach davon gesprochen, daß wir hier nur verschiedene Aspekte eines einzigen Phänomens darstellen. Ich möchte hinzufügen, daß es sich nicht um die Gleichzeitigkeit verschiedenartiger Elemente handelt, nicht um den Parallelismus von aus verschiedenen Sektoren stammenden Entwicklungsreihen. Es handelt sich vielmehr um ein alles umfassendes Phänomen. Wir hatten ein ähnliches Phänomen vor uns, als wir von den verschiedenen Aspekten bei der Konstituierung des Objekt-Vorläufers sprachen, die durch das Erscheinen des gegenseitigen Lächelns gekennzeichnet war. Die Mehrzahl der Aspekte, die wir um die Zeit des dritten Lebensmonats unterschieden haben, konsolidiert sich in den darauffolgenden acht Übergangswochen. Die innere Wahrnehmung hat an Bedeutung verloren, die äußere hat sich entwickelt, eine wachsende Zahl bewußter Erinnerungsspuren hat sich angehäuft. Die Fähigkeit zum Ertragen von Versagungen hat das Funktionieren des Realitätsprinzips und der Denkorganisation gefestigt. Das rudimentäre Ich des dritten Lebensmonats hat sich zu einer Organisation entwickelt, welche aus einer Anzahl voneinander abgegrenzter Systeme besteht. Die sozialen Beziehungen, die mit dem Lächeln begannen, sind nun zahlreicher, komplexer und kontrastreicher geworden. All das wurde von einer raschen Entwicklung der Motorik und Wahrnehmung im Dienste der gerichteten Handlungen begleitet, Handlungen, die durch voneinander isolierte Erlebnisse von Lust oder Unlust mit der Mutter belohnt wurden. Das Zusammenwirken all dieser Entwicklungslinien führt zur Vereinigung der aggressiven mit den libidinösen Trieben in Form der Objektbeziehung zur Mutter; ihr sichtbares Symptom ist die Achtmonatsangst.

VIII. DIE FOLGEN DER KONSTITUIERUNG DES ZWEITEN ORGANISATORS FÜR DIE ENTWICKLUNG DES KINDES

Die Bedeutung dieses Zeitabschnittes zeigt sich in der raschen Entwicklung des kindlichen Verhaltens in den verschiedensten Sektoren, nach dem Auftreten des zweiten Organisators. Im Verlauf der unmittelbar folgenden Wochen tritt eine große Zahl neuer Fähigkeiten in Erscheinung; neue Sozialbeziehungen, die komplexer als die vorhergehenden sind, werden hergestellt. Das Verständnis für die soziale Gebärde in ihrer Bedeutung als gegenseitiges Verständigungsmittel beginnt. Das zeigt sich vor allem im Verständnis für Verbote und Gebote. Die Orientierung im Raum und das Verständnis für den über die Grenzen des Gitterbettes sich ausdehnenden Raum wird sogar schon vor dem Beginn der lokomotorischen Entwicklung erworben. Das Verständnis für die Beziehungen zu „Dingen" beginnt. Die Unterscheidung von „Dingen" zeigt sich in Form der Vorliebe für ein bestimmtes Spielzeug. Eine stärkere Bevorzugung für einzelne Nahrungsmittel macht sich bemerkbar. In den affektiven Einstellungen bilden sich immer feinere Nuancen heraus, wie z. B. Eifersucht, Zorn, Wut, Neid, besitzergreifende Haltung, sie alle werden gegen das Ende des ersten Lebensjahres erkennbar.

Wir wollen einige Beispiele für die soeben aufgezählten neuen Fähigkeiten anführen. Das neuerworbene Sozialverständnis zeigt sich in der Fähigkeit, an gemeinsamen Spielen teilzunehmen. Das Kind kann nun einen ihm zugeworfenen Ball zurückwerfen. Begrüßt man das Kind und reicht ihm die Hand, so wird es seine eigene hinstrecken. Sagt man dem spielenden Kinde mit entschiedener Stimme „nein, nein", dabei den Kopf schüttelnd und mit der Hand eine verneinende Gebärde machend, so unterbricht es seine Tätigkeit und nimmt womöglich einen erschrockenen Gesichtsausdruck an.

Vor dem achten Lebensmonat sind die Gitterstäbe des Bettes die Begrenzung des Raumes für das Kind. Es kann sich eines *im* Bett befindlichen Gegenstandes bemächtigen. Zeigt man ihm aber denselben Gegen-

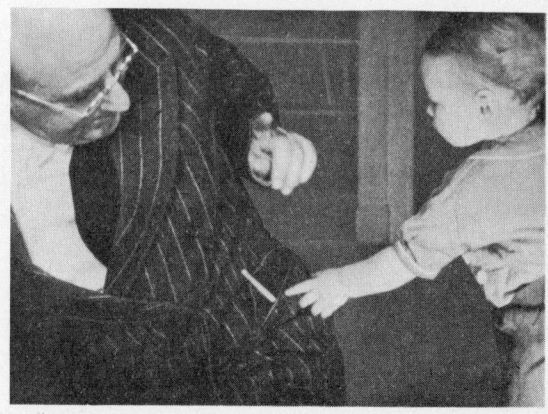

Abb. 11. Der Beobachter erhebt verbietend den Zeigefinger und sagt: „nein, nein", als das Kind versucht, sich des Bleistiftes zu bemächtigen.

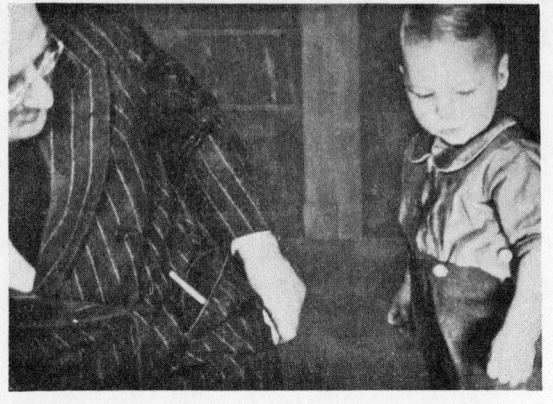

Abb. 12. Reaktion des Kindes.

stand außerhalb des Bettes, doch in Reichweite, so sieht es ihn begehrlich, aber befremdet an und ist nicht imstande, ihn zu ergreifen. Diese Fähigkeit gewinnt es ganz plötzlich zwei oder drei Wochen nach dem achten Monat.

Etwa zwei Monate, nachdem das Kind die Mutter von einem Fremden zu unterscheiden gelernt hat, lernt es einzelne Dinge auseinanderzuhalten. Es kann dann aus einer Reihe verschiedenartiger Dinge ein von ihm bevorzugtes Spielzeug auswählen. Vorher hat es immer nach dem Spielzeug gegriffen, welches der führenden Hand zunächst lag. Was die Beziehung der Dinge zueinander betrifft, so begreift das Kind nunmehr, daß es ein Glöckchen, das an einer Schnur an seinem Bett befestigt ist, erhalten kann, wenn es an dieser Schnur zieht. Hierin haben wir den ersten Beginn des Verständnisses für das Wesen eines Werkzeugs, das Werkzeugdenken.

Die Entwicklung von Nuancen wie Eifersucht, Zorn, Wut in den affektiven Haltungen hat ihr Gegenstück in der Entwicklung komplexerer Objektbeziehungen, als es die archaischen Beziehungen waren, die wir auf den vorhergehenden Seiten beschrieben haben. Der Beginn bestimmter Abwehrmechanismen wird im Verlaufe des ersten Lebensjahres sichtbar. Ich deute diese Dinge nur an, denn es sind sehr komplizierte Phänomene. Nach dem Erscheinen des zweiten Organisators beginnt sich einer der typischen Abwehrmechanismen deutlicher abzuzeichnen: es ist die Identifizierung. Ihre ersten Spuren sehen wir in Form rudimentärer Imitation schon im dritten und vierten Monat. Zu diesem Zeitpunkt versuchen einige Kinder — etwa 10 Prozent — physiognomische Gebärden von Erwachsenen nachzuahmen. Diese Form der Nachahmung ist ziemlich primitiv; ebenso wie die Wahrnehmung dieser Epoche eine totale ist, eine Gestalt-Wahrnehmung, so ist auch die Nachahmung eine solche der Totalität. Das heißt, wenn man dem Kind eine Bewegung vormacht, bei der der Mund sich verbreitert, wird es versuchen, seinen Mund ebenfalls zu verbreitern; es wird dies aber nicht in Form des Lächelns tun, sondern indem es Bewegungen mit den Lippen macht. Spitzt man andererseits den Mund zum Pfeifen, kann das imitierende Kind seinen

Abb. 13. Das Kind ist nicht in der Lage, sich eines Spielzeugs zu bemächtigen, das sich außerhalb des Bettgitters befindet.

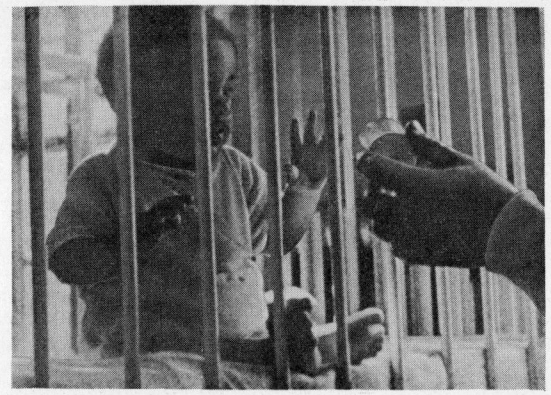

Mund ebenfalls zusammenziehen, oder die Zunge herausstrecken, um mit ihr eine Spitze zu bilden (1932).
Eine echte Nachahmung tritt sehr viel später zwischen dem achten und zehnten Lebensmonat, also nach dem Erscheinen des zweiten Organisators auf. Ich habe in zahlreichen Filmen den Beginn derartiger Phänomene festgehalten. Ein Beispiel dafür sind die sozialen Spiele, von denen weiter oben die Rede war. Dieses Verhalten hat Berta Bornstein die „Identifizierung durch die Gebärde" genannt (Persönliche Mitteilung).
Es ist leicht zu ersehen, wie wichtig der Einfluß der Mutter und der der affektiven Qualitäten, die sie dem Kinde zuführt, für die Entwicklung der Nachahmung und mehr noch der Identifizierung sein werden. Ganz ähnlich wie im Falle der Handlung, wo die bewußte sowie die unbewußte affektive Gemütslage der Mutter die Entfaltung der Aktivität oder Passivität überhaupt, sowie die Bevorzugung bestimmter Handlungsgruppen gegenüber anderen erschwert oder erleichtert, gestaltet sich die Lage auch bei der Entwicklung der Nachahmung und Identifizierung. Es ist das bewußte und unbewußte affektive Klima der Mutter, welches die Versuche des Kindes, ihre Tätigkeiten, Gesten, Laute und ihren Tonfall nachzuahmen, begünstigt oder hemmt. Damit geht gleichzeitig eine charakterliche Angleichung des Kindes an die Mutter einher. Man wäre geneigt, an die James-Lange-Theorie der Affekte zu denken, wäre nicht in so vielen von mir beobachteten

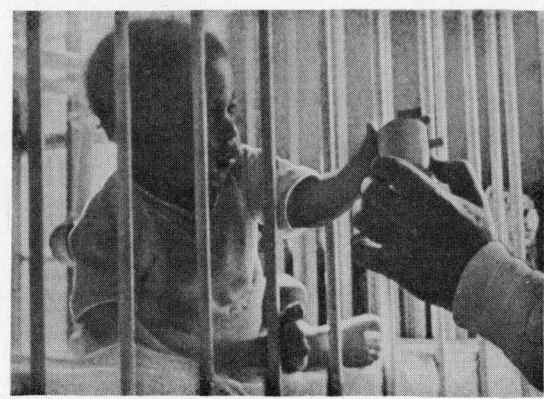

Abb. 14. Nach dem achten Monat ist der Raum außerhalb des Bettes erobert worden.

Fällen offenbar, daß das Kind sich nicht dem eigentlichen Charakter der Mutter angleicht, sondern — besonders im Falle von Knaben — dem unbewußten Objekte der Mutter. Die Persönlichkeitsgestaltung des Kindes ist eben kein automatischer Prozeß, wie es etwa die Spiegelung der Umwelt wäre. Die Nachahmung ist bloß das oberflächlichste Anzeichen eines unter der manifesten Oberfläche verlaufenden Prozesses. Es wäre aufschlußreich, zu untersuchen, *was* im Einzelfalle nachgeahmt wird und was nicht, und wodurch diese Auswahl bestimmt wird. Eine solche Untersuchung würde uns zweifellos manches über die unter der manifesten Oberfläche operierenden Abwehrmechanismen mitteilen. Wir können annehmen, daß in dieser Phase besonders die Identifizierung am Werke ist, deren Funktion ja nicht eine Spiegelung des Wahrgenommenen, sondern eine Verarbeitung affektiver Beziehungen im Unbewußten ist, durch welche eine Ich-Veränderung stattfindet.

Es kommt noch hinzu, daß die Nachahmung der Handlungen der Mutter das Kind von ihr fortschreitend unabhängig macht. Durch diese Nachahmung wird das Kind fähig, sich all das selbst zu beschaffen, was ihm sonst die Mutter geben müßte. Es ist klar, daß die wachsende Autonomie des Kindes das Gleichgewicht im mütterlichen affektiven Klima auf eine harte Probe stellt. Durfte sie bisher ihrem Zärtlichkeitsgefühl freien Lauf lassen und jenem noch tieferen Gefühl des Bedürfnisses nach körperlicher Nähe zu einem Wesen, das noch vor kurzem ein Teil ihrer selbst war, so muß sie es nunmehr dulden, ja unterstützen, daß dieses Wesen sich von ihr losreißt, ja womöglich gegen sie stellt. Das ist ein Prozeß, der entscheidend durch das affektive Klima der Mutter und den Freiheitsgrad ihres Ichs bestimmt wird.

In den ersten sechs Lebensmonaten erwirbt das Kind, wie wir es in den vorhergehenden Kapiteln gezeigt haben, schrittweise einen wachsenden Grad von Gesichertheit in Anlehnung an die Haltung und an das affektive Klima seiner Mutter. Die Sicherheit, das Ungefährdete seines Daseins bildet das Sprungbrett, auf welchem dann die rasche Entwicklung in der zweiten Jahreshälfte ansetzen kann, und ihr Maß bestimmt das Tempo dieser Entwicklung. Die affektiven Signale, die das Kind von der Mutter empfangen hat, ihre Qualität, ihre Konstanz, die Gewißheit und Verläßlichkeit, die diese Signale dem Kind übermitteln, gewährleisten seine normale psychische Entwicklung. Diese von der Mutter dargebotenen affektiven Signale werden von ihrer unbewußten Einstellung bestimmt; ihr Verhalten wird ihr nur teilweise bewußt sein.

IX. URSPRUNG UND BEGINN SEMANTISCHER VERSTÄNDIGUNG BEIM MENSCHEN

In der Einleitung des Buches „Das Ich und das Es" bemerkte Freud, wenn die Psychoanalyse sich mit gewissen Problemen der Psyche noch nicht befaßt habe, so deshalb, weil sie einen vorgeschriebenen Weg verfolge, der sie noch nicht zu diesen Fragen geführt habe. Diese Bemerkung findet unter anderem auch auf die Probleme der Objektbeziehungen ihre Anwendung. Ich erwähnte zu Beginn meiner Ausführungen, daß Freud von den Objektbeziehungen selbst wenig gesprochen hat. In der gegenwärtigen psychoanalytischen Literatur spielen nicht nur der Begriff des Objektes, sondern auch die Probleme der Objektfindung sowie der Bildung und der Mißbildung der Objektbeziehungen eine bedeutende Rolle, die noch immer im Wachsen begriffen ist. Das Liebesobjekt, das Objekt der Libido, ist auf Grund der Rolle, die es im seelischen Haushalte des Individuums spielt, recht gut definiert worden. Andererseits besitzen wir keine Definition der Objekt*beziehungen,* und selbst ihre phänomenologische Beschreibung ist in unserer Literatur dürftig.

Das ist der Grund, weswegen Splittergruppen, wie die Sullivans und andere, die sich von dem Freudschen System losgesagt haben, in ihrem Zugang zu den seelischen Problemen der Frage der Objektbeziehungen eine zentrale Rolle vorbehalten haben. Wir wollen aber nicht unterlassen zu betonen, daß zwischen den Begriffssystemen dieser Schulen und unseren Gesichtspunkten ein ganz grundlegender Unterschied besteht. Die heterodoxen Gruppen begnügen sich, das psychische Phänomen als Gegebenheit zu beschreiben, wobei sie einen existentialistischen Weg einschlagen, indessen wir in der Psychoanalyse nach einem streng genetischen Gesichtspunkte operieren. Die psychoanalytische Methode unterscheidet sich von jeder anderen Psychologie dadurch, daß sie unerbittlich auf der exakten *fortlaufenden* Exploration eines Continuums besteht, welches wiederum aus der gegenseitigen Beeinflussung der genetischen und der dynamischen Aspekte in einem zirkulären Vorgange resultiert.

Die großen Linien, die Freud für das System unserer Arbeit vorgezeichnet hat, sind heute in der Wissenschaft fest verankert. Der gegenwärtige Fortschritt auf diesem Gebiete erfolgt durch die ins einzelne gehende Untersuchung jener Elemente, aus welchen Freud sein Gebäude errichtete. In einer solchen Detailarbeit sind wir an die Untersuchung der frühesten Objektbeziehungen herangetreten und haben sie in den vorhergehenden Kapiteln etwa bis zum Ende der präverbalen Stufe geführt. Wir stellen fest, daß im

Laufe der letzten Stufen, die zur Konstituierung des zweiten Organisators führen, sich die gegenseitige, gerichtete, aktive und intentionelle Verständigung zwischen Kind und Mutter entwickelt hat. Betonen wir, daß bei dieser Verständigung der Säugling, obschon aktiv genug, sich keiner semantischen Signale bedient und noch viel weniger der Worte.

Im Verlaufe der nun folgenden Stufen — sie erstrecken sich etwa vom 12. bis zum 18. Lebensmonat — verwandeln sich diese gerichteten und reziproken Versuche der Verständigung in fortschreitendem Maße in verbale Mitteilungen. Wir haben es hier mit einem Wendepunkte zu tun, der für die Entwicklung sowohl der Art — wie des Individuums — von entscheidender Bedeutung ist. Ist dieser Schritt einmal vollzogen, so wird er das Bild der Objektbeziehungen grundlegend ändern. Von hier ab wird das Wort im wachsenden Maße zum Träger und zum Werkzeug der Objektbeziehung, es wird immer mehr die archaischen Formen der Gegenseitigkeit in der Mutter-Kind-Beziehung, die ich in den vorangegangenen Kapiteln beschrieben habe, ersetzen, und bald wird die Sprache zu jener Modalität des Verhaltens sich entwickeln, welche fast ausschließlich den Austausch in den Objektbeziehungen bewirkt.

In unseren Ausführungen über die Konsequenzen der Konstituierung des zweiten Organisators haben wir den neuen Fähigkeiten des Kindes, die nach diesem Zeitpunkte, also nach dem achten Monat auftreten, eine wichtige Rolle zugeschrieben. Wir erinnern an die Fähigkeit, die Gestik des Partners zu verstehen, die Fähigkeit, die Qualität des Affektes zu nuancieren und die aus ihr folgende Haltung des Säuglings, an die Ausdehnung des Wirkraumes sowie an die Fähigkeit zur Gegenseitigkeit im Spiele. Zu den wichtigsten Fortschritten des Säuglings gehört in diesem Stadium das Verständnis für Gebote und Verbote und zugleich der Beginn des Abwehrmechanismus der Identifizierung.

Wir wollen auch daran erinnern, daß das Kind während der Periode, die dem zweiten Organisator vorangeht, die Mitteilungen, die von der Mutter ausgehen, vorwiegend taktil wahrnimmt. Es sind taktile Wahrnehmungen, durch welche dem Säugling etwas verwehrt oder durch welche ihm die Erfüllung eines gewünschten Zieles gewährt wird. Doch schon in unserer Darstellung der Wandlungen, die Dank der Konstituierung des zweiten Organisators stattfinden, bemerkt man gewisse Botschaften der Mutter, die das Kind auch aus der Entfernung zu verstehen vermag. Die bedeutungsvolle Wandlung der Objektbeziehungen vom physischen Kontakt zu den Distanzbeziehungen erfolgt nach dem Ende des ersten Lebensjahres dadurch, daß das Kind durch den Erwerb der aufrechten Fortbewegung auch die Unabhängigkeit erwirbt.

Dieser Reifungsfortschritt bringt eine ganze Reihe neuer Gefahren in das Leben des Kindes hinein und stellt seine Umgebung vor ebenso viele neue Probleme. Solange das Kind der Gefangene seines Gitterbettes war, war es in Sicherheit. Jetzt kann es laufen, zögert nicht, seine Neugierde und seinen Drang nach Aktivität zu befriedigen und stürzt sich besinnungslos in die Gefahr. Alle Augenblicke muß die Mutter einschreiten. Doch nachdem das Kind die Fortbewegung erworben hat, setzt es den Raum zwischen sich und die Mutter; notwendigerweise wird die Mutter nun immer häufiger mit Geste und Wort dort einsetzen müssen, wo sie früher mit der Tat eingegriffen hätte.

Dadurch wird der Austausch, die Beziehung zwischen Mutter und Kind von Grund auf geändert. Bis zu diesem Zeitpunkte erfüllte die Mutter unmittelbar die Wünsche des Kindes oder sie erfüllte sie nicht. Nunmehr ist sie gezwungen, die Initiativen des Kindes zu verhindern und zwar gerade zu jenem Zeitpunkte, in welchem der Drang der kindlichen Aktivität im stürmischen Wachsen begriffen ist. Denn der Wendepunkt des zweiten Organisators bezeichnet den wichtigen Übergang von der Passivität zur Aktivität (siehe Freud, Die weibliche Sexualität, 1936). Unvermeidlicherweise beginnt damit die Periode der Gebote und Verbote.

Nicht nur die Objektbeziehungen, also der Austausch zwischen Mutter und Kind, werden auf der Stufe der Gebote und Verbote radikal transformiert. Auch die Form der Verständigung wird grundlegend von jener verschieden sein, mit Hilfe derer die Mutter sich auf der vorhergehenden Stufe verständigte. Auf der präverbalen Stufe waren die von der Mutter ausgehenden Botschaften notwendigerweise auf die Handlung beschränkt, um so mehr, als ja auf jener Stufe das Kind noch hilflos ist, weder sich fortbewegen, noch sich ernähren, noch das von ihm Gewünschte herbeiholen kann. Dies alles vollzog die Mutter für den Säugling. Ihre Handlung als solche vermittelt dem Kind ihre Wünsche, ihre Absicht, ihre Intentionen.

Damit soll nicht gesagt werden, daß das Gehör im präverbalen Stadium keine Rolle in den Objektbeziehungen spielt, ganz im Gegenteil. Selbstverständlich spricht jede Mutter zu ihrem Kind. Meistens handelt es sich dabei um Monologe der Mutter; aber nicht selten beantwortet der Säugling diese mit seinem Lallen. Doch diese Art von „Dialogen", in denen die Mutter ihr Baby zärtelt, ihm kosend Sinnloses sagt, womöglich mit völlig neuerfundenen Worten, und auf die der Säugling mit Lallmonologen antwortet, spielen sich im Irrealen ab, im imaginären Raume der Affektbeziehungen. Diese „Gespräche" haben mit dem Ausdruck der körperlichen Bedürfnisse des Säuglings verhältnismäßig wenig zu tun; weder hindern sie seine Tätigkeit, noch zwingen sie ihn zu etwas. Es ist, möchte man sagen, ein gegenseitiges Lustgezwitscher, ein Wechselgesang der Zärtlichkeit. Doch nach Erwerb der Fortbewegung ändert sich der Charakter der Äußerungen der Mutter. An Stelle des Zärtelns erscheint das Verbot, die Koseworte werden zum Befehl, zum Vorwurf, zum Schelten. Auf dieser Stufe ist das häufigste Wort der Mutter „Nein, Nein!". Diesen Ausruf begleitet ein heftiges Kopfschütteln, indes die Mutter gleichzeitig das Kind körperlich daran hindert, die begonnene Handlung auszuführen. Denn solange das Kind das gesprochene Wort nicht versteht, ist es unvermeidlich, daß die Mutter das verbietende Wort und die verwehrende Geste im Anfang mit einem körperlichen Eingriff verbindet.

Ein Identifizierungsvorgang, dessen Einzelheiten wir weiterhin behandeln werden, ermöglicht es dem Kinde, die Verbote der Mutter zu verstehen und sich ihren Befehlen zu fügen. Wir wollen schon hier festhalten, daß das manifeste Symptom dieser Identifizierung eine *Nachahmung* ist: das Kind ahmt das verneinende Kopfschütteln nach, welches ein Teil der mütterlichen Handlung ist. Für das Kind wird dieses Kopfschütteln das Symbol, der letzte Niederschlag der mütterlichen Versagung. Einmal erworben, wird diese Geste beibehalten, sogar vom Erwachsenen. Wirkungslos prallen die Bemühungen einer guten Erziehung an dieser Geste ab. Sie ist ein hartnäckiger Automatismus, den selbst der besterzogene Erwachsene nicht aufzugeben vermag. Das überrascht uns nicht weiter — denn die Verneinungsgeste wird auf der archaischsten Stufe bewußten Denkens erworben, am Anfang des Spracherwerbes.

Sicherlich werden wir den Widerspruch unserer Leser provozieren, wenn wir behaupten, daß die Geste der Verneinung und das Wort „Nein" die ersten semantischen Symbole sind, die das Kind erwirbt. Dieser Satz bedarf einer Ergänzung: es sind die ersten semantischen Symbole im Sinne der Erwachsenen-Sprache. Diese unterscheidet sich nämlich grundsätzlich sowohl von den frühen Lallmonologen wie von den ersten sogenannten Einwortsätzen des Kindes. *Einwortsatz* nennen wir jene ersten Worte wie „Mamma", „Dada" usw., welche etwa nach dem zehnten Lebensmonat vom Kinde gesprochen werden. Ich ziehe es vor, sie „Globalworte" zu nennen, denn ein solches „Globalwort" repräsentiert einfach alles, was das Kind wünscht, etwa: „Ich bin hungrig", „Ich bin allein", „Ich will die Mutter", „Es tut mir weh", „Mutter ist ins Zimmer gekommen", „Ich langweile mich" usw. usw. also eine Vielfalt.

Das verneinende Kopfschütteln dagegen und das Wort „Nein" repräsentieren *einen* Begriff, den Begriff der Verneinung, der Verweigerung im strengen Sinne des Wortes. Es sind „algorithmische Zeichen" [8] analog dem

---

8 Lalande, Vocabulaire de la philosophie, Paris, 1932, I, p. 29.

Vorzeichen für plus oder minus in der Mathematik. Das bedeutet auch, daß mit dem Erwerb dieser Zeichen im Geistesleben des Kindes sich der erste abstrakte Begriff herauskristallisiert hat.

Wie aber kommt das Kind dazu, diesen Begriff zu formen?

Man könnte meinen, das Kind ahme die Mutter nach; wie der verstorbene Professor Babinsky von der Hysterie behauptete, sie sei ein „Pithiatismus", eine Äfferei; doch wenn man näher zusieht, merkt man bald, daß es sich keineswegs um eine einfache Nachahmung handelt. Wohl ahmt das Kind die Gesten der Mutter im allgemeinen nach; doch die Nachahmung betrifft nur die Geste *als solche;* die Sinngebung der Geste ist dem Kinde nicht ohne weiteres möglich. Die Wahl der Situation, der Umweltbedingungen, in welchem es die Geste anwendet, bleibt dem Kinde vorbehalten. Dasselbe wird später für das Wort „Nein" gelten. Oberflächlich gesehen wird sich das Kind der kopfschüttelnden Verneinungsgeste meistens bedienen, wenn es etwas verweigert, etwa ein Angebot oder einen Befehl. Hinter dieser Weigerung spielt sich im Kinde ein Konflikt ab zwischen dem, was es wünscht und dem, was es fürchtet. Was es fürchtet, kann man letzthin auf den Liebesverlust zurückführen, auf den Objektverlust. Nach und nach wird das Kind auch das „Nein", und zwar sowohl die Geste wie das Wort verwenden, wenn es Ding oder Person, denen es gegenübersteht, nicht erkennt. Doch kehren wir zur Frage der Nachahmung der mütterlichen Geste zurück. Auf dieser Stufe, die etwa zwischen dem 10. und 15. Lebensmonat gelegen ist, haben wir es mit einem Konflikte zwischen der Initiative des Kindes und den Bedenken, der Fürsorge, der meist berechtigten Angst der Mutter zu tun. Indem das Kind es ablehnt, sich dem Wunsche der Mutter zu fügen, scheint es ihre kopfschüttelnde Verneinungsgeste nachzuahmen. Man könnte also annehmen, daß diese Geste sich dem Gedächtnisse des Kindes, einfach dank der Häufung der Versagungserlebnisse, die es von der Mutter erfuhr, eingeprägt hat. Das ist eine mechanische Erklärung, die in guter Übereinstimmung mit der "Reinforcement"-Hypothese der "Learning Theory" ist. Den Psychoanalytiker befriedigt sie nicht.

Weniger trivial ist die Erklärung, die uns gewisse Befunde der Gestaltpsychologie leisten. Zeigarnik (1927) wies mit Hilfe ungemein einfacher und klarer Experimente nach, daß das Individuum sich der unerledigten Aufgaben erinnert, indes es die erledigten vergißt. Wenden wir Zeigarniks Beobachtung auf jene Situationen an, in welchen die Mutter dem Kinde etwas verbietet oder verweigert, so merken wir, daß das „Nein" der Mutter das Kind an der Vollendung einer Aufgabe, die es sich gesetzt hatte, hindert; und dementsprechend wird die Erinnerung an dieses Erlebnis, an die unerledigte Aufgabe, seinem Gedächtnisse eingeprägt.

Die psychoanalytische Methode vermag uns allerdings über den dynamischen Prozeß, der sich dabei abspielt, mehr zu sagen. Sie vermittelt eine Einsicht, welche weit über die Erklärung der Gestaltspsychologie hinausgeht. Eine eingehende Untersuchung der Bedingungen, welche zum Erwerb der Verneinungsgeste durch das Kind führen, verrät, daß es sich um einen komplizierten Prozeß handelt. Wir wollen ihn sowohl vom metapsychologischen wie vom strukturellen Gesichtspunkte aus untersuchen.

Erstens einmal bedeutet jedes „Nein" der Mutter für das Kind eine affektbetonte Versagung. Möge es sich nun um das Verbot einer Tätigkeit handeln, oder möge man das Kind am Erreichen eines von ihm gewünschten Dinges hindern, oder mag man die Form, welche das Kind seinen Objektbeziehungen zu geben wünscht, ablehnen — stets sind es Es-Triebe, denen man eine Versagung auferlegt. Notwendigerweise werden die Gedächtnisspuren des Verbotes, der begleitenden Geste, der Worte, die das Verbot ausdrücken, mit einer ganz besonderen affektiven Tönung besetzt; es ist die Tönung der Verweigerung, der Versagung, der Niederlage. Diese spezifische Affektbesetzung sichert die Beständigkeit und Dauerhaftigkeit der Erinnerungsspur der kopfschüttelnden Geste und des Wortes „Nein".

Andererseits liegt es in der Natur des Verbotes, welches die Tätigkeit des Kindes unterbricht, daß es das Kind aus der Aktivität in die Passivität zurückversetzt. Gerade in jenem Alter jedoch, in welchem das Kind das mütterliche Verbot zu verstehen beginnt, ist es auch im Begriff, die passiv-narzißtische Stufe aufzugeben und die aktive Stufe der Objektbeziehungen zu beginnen. Nicht ohne Widerstand duldet das Kind, daß man ihm die Rückkehr zur Passivität aufzwingt (Anna Freud, 1952).

Es versucht, auf motorischem Wege den ihm gebotenen Widerstand zu überwinden, doch erschöpft sich seine Bemühung nicht im Körperlichen allein. Ein psychodynamischer Prozeß wird in Gang gesetzt; die Versagung verursacht ein Gefühl der Unlust, und dieses provoziert die Aggression des Es. Die Gedächtnisspur des Verbotes im Ich verbindet sich nun mit dieser aggressiven Besetzung.

Nun steht das Kind in der Mitte, in der Konfliktsituation zwischen dem Wunsch nach Aktivität und dem Befehl, zur Passivität zurückzukehren, zwischen der Unlust und der durch sie hervorgerufenen Aggression. In dieser Konfliktsituation findet das Kind die Lösung mit Hilfe des altersmäßig wichtigsten Abwehrmechanismus, nämlich der Identifikation. Die besondere Form der Identifikation, die in dieser Situation vom Kinde gewählt wird, ist von Anna Freud (1936) als „Identifikation mit dem Angreifer" bezeichnet worden.

Anna Freud demonstriert diesen Mechanismus an Kindern im Schulalter, die sich dieses Mechanismus zur Lösung ihrer Konflikte zwischen Ich und Liebesobjekt bedienen. Zweifellos spielen das Überich oder seine unmittelbaren Vorläufer in diesen Fällen eine wichtige Rolle. Aber in dem Alter, von dem wir reden — um den 15. Lebensmonat —, kann von einem Überich keine Rede sein. Überdies ist zu bemerken, daß es sich bei unserem Probleme weniger um einen Angreifer handelt als um jemanden, der eine Versagung setzt. Doch meinen wir, daß zwischen Angriff und Versagung nicht ein prinzipieller, sondern nur ein Gradunterschied besteht.

Zusammenfassend werden wir also sagen, daß der dynamische Vorgang der Erwerbung der semantischen Geste der kopfschüttelnden Verneinung der folgende ist: das Liebesobjekt legt dem Kinde eine Versagung auf und provoziert dadurch Unlust. Sowohl die kopfschüttelnde Geste der Verneinung wie auch das Wort „Nein" des Liebesobjektes werden dem Ich des Kindes als Gedächtnisspuren einverleibt. Die unlustvolle Affektbesetzung wird von dieser Vorstellungsspur abgelöst und veranlaßt im Es einen Vorstoß aggressiver Besetzung, welche der Gedächtnisspur der Nein-Geste im Ich angeheftet wird. Wenn das Kind sich mit dem Liebesobjekt identifiziert, so folgt, in den Worten Anna Freuds, auf die Identifikation mit dem Angreifer ein Angriff auf die Außenwelt. Beim fünfzehn Monate alten Kind nimmt dieser Angriff die Form des „Nein" (als Geste, und später als Wort) an, welches das Kind sich vom Liebesobjekte angeeignet hat. Da das „Nein" im Laufe von zahllosen Unlusterlebnissen mit Aggression besetzt war, wird es nun auch zum Ausdruck der Aggression geeignet. Das ist der Grund, warum das Kind das „Nein" in den Dienst des Abwehrmechanismus der Identifikation mit dem Angreifer stellt. Es wendet das „Nein" *gegen* das Liebesobjekt an, von welchem es sich eben dieses „Nein" angeeignet hat. Ist dieser Schritt vollzogen, so kann das Trotzalter, mit welchem wir im zweiten Lebensjahr so vertraut sind, beginnen.

Die Erwerbung des „Nein" als Geste und später als Wort bedeutet einen Fortschritt von ganz außerordentlicher Tragweite für die geistige und affektive Entwicklung des Kindes. Die Fähigkeit dazu setzt voraus, daß es auch die Fähigkeit zum Urteil und zur Verneinung erworben habe. Das ist eine Frage, mit der Freud sich in den wenigen Seiten seines Artikels „Die Verneinung" meisterhaft auseinandergesetzt hat. An dieser Stelle werden wir uns darauf beschränken, einen der wesentlichsten der Aspekte zu beleuchten, welche dieser Schritt nach sich zieht, und verweisen den Leser auf unsere Monographie „No and Yes" (1957) [9], in welcher sowohl der Vorgang wie seine Konsequenzen ausführlich dargestellt sind.

---

[9] „Nein und Ja. Die Ursprünge der menschlichen Kommunikation." Deutsche Übersetzung von Käte Hügel. Ernst Klett Verlag, Stuttgart 1959.

Die Identifizierung mit dem Angreifer ist ein selektiver Vorgang. Im Verhalten der Mutter, die ihrem Kinde etwas verbietet, kann man drei Faktoren unterscheiden: erstens ihre Geste (oder ihr Wort); zweitens was sie sich dabei denkt; drittens den Affekt, der Geste und Gedanken begleitet. Die Verarbeitung dieser drei Elemente durch das Kind ist eine unterschiedliche. Man kann wohl ohne Einschränkung sagen, daß das Kind sich die Geste aneignet — vielleicht sollte man richtiger sagen, sich die Geste einverleibt. Mit derselben Sicherheit kann man auch sagen, daß es kaum wahrscheinlich ist, daß das Kind ein, wenn auch nur schattenhaftes Verständnis für die Ursachen haben kann, welche die Mutter veranlassen, ihm etwas zu verbieten. Den gedanklichen Vorgang also, der die Mutter zum Verbot veranlaßt, vermag sich das Kind nicht anzueignen. Was schließlich den dritten Faktor betrifft, den Affekt, so steht es fest, daß in diesem Alter das Verständnis des Kindes für den wahrgenommenen Affekt nur ein ganzheitliches, ein globales ist. Annäherungsweise möchte man sagen, daß das Kind beim anderen nur zwei Affekte unterscheidet. Ich habe diese als „Affekt für mich" und als „Affekt gegen mich" bezeichnet.

Da auf dieser Stufe, also im Alter von fünfzehn Monaten, das Kind noch nicht rational denkt, so vermag es nicht zu begreifen oder zu unterscheiden, ob die Mutter ihm ein Verbot auferlegt, weil sie fürchtet, daß das Kind sich weh tun wird, oder ob sie zornig wird, weil das Kind etwas Verbotenes tut. Es erlebt den mütterlichen Affekt in seiner ganzheitlichen Qualität und was es davon versteht ist: „Du bist nicht *für* mich, also bist du *gegen* mich."

Indem nun das Kind sich durch die Verneinungsgeste mit dem Angreifer identifiziert, eignet es sich nur die Geste selbst an, zugleich mit dem Affekt „gegen". Dennoch ist das ein außerordentlicher Fortschritt. Bis zu diesem Punkte war das Kind in der Äußerung seiner Affekte innerhalb der Objektbeziehung auf den unmittelbaren Kontakt beschränkt, also auf die Handlung. Mit dem Erwerb der Verneinungsgeste beginnt aber die Distanz-Verständigung und das Wort ersetzt die Handlung. Kampf oder Flucht haben aufgehört, die einzige Alternative in den menschlichen Beziehungen zu sein; die Diskussion nimmt ihren Anfang.

Das ist der wichtigste Wendepunkt in der Entwicklung der Art, sowie der des Individuums. Hier beginnt die Menschwerdung der Spezies, beginnt das „zoon politikon", beginnt die Gesellschaft, beginnt die semantische Verständigung. Dies ist zugleich, genauer gesagt, der Beginn des gegenseitigen Austausches von intentionalen, zweckbestimmten Mitteilungen mit Hilfe semantischer Symbole. Aus diesem Grunde sehe ich in der Erwerbung des verneinenden Kopfschüttelns und später des Wortes „Nein" das sichtbare Symptom der Konstituierung des dritten Organisators.

Das „Nein" ist die semantische Äußerung der Verneinung, des Urteils; gleichzeitig ist es die erste Abstraktion, der erste abstrakte Begriff im Sinne erwachsener Denkprozesse, welche das Kind zu bilden vermag. Aber an der Schaffung dieses abstrakten Begriffes war eine Verschiebung aggressiver Energie entscheidend beteiligt; das ist übrigens für jede Abstraktion charakteristisch. Denn eine Abstraktion ist niemals das Produkt einer Identifizierung; sie ist das Resultat einer synthetischen Aktivität des Ich.

Der dynamische Vorgang, der zur Abstraktion führt, ist der folgende: das erlebende Subjekt löst mit Hilfe einer Verschiebung aggressiver Energie vom Wahrgenommenen bestimmte Anteile los und formt aus diesen Teilen eine Synthese. Diese Synthese dient nunmehr als Symbol oder als Begriff für das Wahrgenommene. Der erste solche abstrakte Begriff im Leben des Kindes ist die Verneinung.

Nach dem Beginn des zweiten Lebensjahres teilt das Kind sein verneinendes Urteil durch Kopfschütteln seinem Partner mit, und drückt dadurch aus, daß es sich weigert, das von ihm Verlangte zu tun. Kopfschütteln als Zeichen der Verneinung ist ein außerordentlich verbreitetes semantisches Signal. Davon gibt es Ausnahmen; es gibt eine gewisse Anzahl von Kulturen, wo das Zeichen der Verneinung ein anderes ist. Immerhin erscheint es als sehr wahrscheinlich, daß das Kopfschütteln das häufigste Verneinungszeichen auf Erden ist. Diese außerordentliche Verbreitung der Geste legt uns die Vermutung nahe, daß es möglich sein sollte, den Ursprung dieser Geste in der menschlichen Ontogenese, vielleicht gar in der Phylogenese aufzuspüren. Sehr archaische und primitive Erlebnisse sind allen menschlichen Wesen gemeinsam, und die davon abgeleiteten Verhaltungsweisen eignen sich zu einer weitgehenden Generalisierung.

Wir begannen damit, daß wir untersuchten, ob sich wohl unter den frühesten Verhaltungsweisen des menschlichen Säuglings eine finden lassen würde, welche phänomenologisch dem verneinenden Kopfschütteln ähnlich wäre. Tatsächlich entdeckten wir ein solches Verhalten; Psychologen und Neurologen fanden dieses Verhalten so wichtig, daß sie es als einen der wesentlichsten und urtümlichsten der angeborenen Reflexe ansahen. So wird — dementsprechend — auch dieses Verhalten des Neugeborenen ganz allgemein zur Prüfung der Reflexe des Neugeborenen verwendet. Der Reflex, um den es sich handelt, wird vielfach als *Saugreflex* bezeichnet oder auch als der *Orientierungsreflex*. André Thomas (1952) nennt das Phänomen „L'épreuve des points cardinaux", die Probe der vier Kardinal-Punkte.

Dieser Reflex wird ausgelöst, indem man mit dem Finger einen Punkt der perioralen Region berührt; mit Bernfeldt spreche ich lieber von der „Schnauze", denn es handelt sich hier um die Region, welche die Nase, den

Mund, das Kinn und den größeren Teil der Wangen umfaßt. Auf diese Berührung wendet der Neugeborene den Kopf, mit offenem Munde, oft mit einer sehr raschen Bewegung, dem Finger zu, den er zu schnappen versucht, um daran zu saugen. Im Englischen bezeichnet man dieses Verhalten mit dem Worte „rooting", was vom Suchverhalten des Schweines nach Wurzeln abgeleitet ist.

Dieser sprachliche Ursprung findet seinen Gegenpart in der Phylogenese: es handelt sich tatsächlich um ein außerordentlich archaisches Verhalten. Wir konnten mit Hilfe von Filmaufnahmen (1942—1944) nachweisen, daß der Neugeborene, wenn er an die Brust gelegt wird, den Saugakt damit beginnt, daß er mit offenem Munde den Kopf mehrmals um die sagitale Achse dreht, bis es ihm gelingt, die Brustwarze zu schnappen. Damit endet die Rotation und beginnt der Saugakt. Dieses Verhalten erklären wir auf Grund des oben beschriebenen Saugreflexes. In der Ernährungssituation an der Brust berührt eine Wange des Säuglinges, sagen wir die rechte, die Brust, der Mund wird geöffnet und der Kopf nach der rechten Seite rotiert. Trifft der Mund nicht auf die Brustwarze, so trägt die angefangene Bewegung den Kopf bis zu jenem Punkte, an dem die linke Wange des Kindes die Brust berührt. Diese Berührung löst nun die Rotation nach links aus, und das Manöver setzt sich auf diese Weise fort, bis die Brustwarze im offenen Munde des Kindes lokalisiert ist, worauf das Saugen beginnt.

In einer ungemein genauen Studie an einer anencephalen Mißgeburt wies Gamper (1926) nach, daß dieses Verhalten auf der mesencephalen Stufe bereits vollkommen entwickelt ist. Vorher schon, 1916, hatten die Arbeiten Minkowskis gezeigt, daß der Saugreflex bereits beim drei Monate alten Fötus nachweisbar ist. Kubie und Tilney (1931) und Tilney und Casamajor (1924) vermochten mit Hilfe von Experimenten an neugeborenen Säugetieren (Katzen, Kaninchen, Feldhasen, Meerschweinchen, Ratten usw.) und darauffolgenden histologischen Untersuchungen an dem gefärbten Zentralnervensystempräparat die unterliegenden neurophysiologischen Gegebenheiten der Such- und Saugreaktion darzustellen. Prechtl und Klimpfinger (1950, 1952) untersuchten das Ernährungsverhalten vom verhaltensphysiologischen Gesichtspunkte aus bei denselben Tieren. Sie stellten fest, daß die asymmetrische (einseitige) Reizung der Schnauze oder der Lippen die Rotationsbewegung des Kopfes auslöst. Sobald der Reiz durch die Simultanberührung der oberen und der unteren Lippe „symmetrisch" wird, erfolgt eine Inhibition der Rotation, der Mund schließt sich und der Saugakt beginnt. Rotation und Saugen schließen sich gegenseitig aus. Kubie und Tilney wiesen nach, daß auf dieser Stufe tierischer Entwicklung die neuralen Bahnen, welche den Magen mit dem Gehirn, mit dem Mund, mit dem Labyrinth und den Extremitäten verbinden, genügend gereift sind, um diese Organe bei der Aufgabe der Nahrungsaufnahme zu koordinieren.

Diese allzu knappe Zusammenfassung erlaubt uns immerhin die Feststellung, daß die horizontale Rotationsbewegung des Kopfes sowohl in der Ontogenese wie in der embryonalen Entwicklung und auch in der Phylogenese fest begründet ist. In den der Entbindung folgenden Monaten wird die Rotationsbewegung immer zielsicherer und nach dem dritten Monat sichert der Säugling die Brustwarze mit einer einzigen, knappen Kopfbewegung. Wir können sagen, daß die Rotationsbewegung des Kopfes der Ausdruck des Strebens des Neugeborenen zur Erreichung der Nahrung ist. Es ist ein „preparatory behavior", ein Annäherungsverhalten, das einen positiven Sinn hat, psychologisch gesprochen könnte man ihm einen „bejahenden" Sinn unterlegen.

Diese Rotationsbewegungen, welche der Orientierung zur Brustwarze mit Hilfe des taktilen Sinnes dienen, verschwinden im selben Maße, in welchem die visuelle Orientierung und die Muskelkoordination erreicht wird. Überraschenderweise aber erscheint die Rotationsbewegung aufs Neue um den sechsten Lebensmonat herum, und zwar in einer der ursprünglichen Nahrungssituation bei der Geburt diametral entgegengesetzten psychologischen Situation. Das Sechs-Monat-Kind nämlich, wenn es satt geworden ist, dreht den Kopf von einer Seite zur anderen, um sich der Nahrungsquelle *zu entziehen*, sei dies die Brustwarze, der Löffel oder die Flasche, und verwendet dazu dieselbe Rotationsbewegung, deren er sich knapp nach der Geburt zur Nahrungssuche bediente. Nunmehr aber hat sich diese Bewegung in ein Fluchtverhalten verwandelt, in eine Weigerung — sie hat einen negativen Sinn bekommen. Betonen wir jedoch, daß es sich noch immer um ein Verhalten und nicht um ein semantisches Zeichen handelt. Viele Monate müssen vergehen und eine weitgehende psychische Entwicklung muß stattfinden, bevor das Kind das Weigerungsverhalten in das semantische *Zeichen* der Weigerung umwandeln kann.

Das wären also die wesentlichsten Stationen in der Entwicklung jenes motorischen Schemas, dessen sich die verneinende Geste, das kopfschüttelnde Verneinen bedienen wird. Wir betonen, daß wir es während des ganzen ersten Lebensjahres *nur* mit dem motorischen Schema zu tun haben; dieses Schema hat eine Funktion: zuerst, die Nahrung zu erreichen, später die, sich ihr zu entziehen. Erst nach dem fünfzehnten Lebensmonat erwirbt die Geste einen gedanklichen Bedeutungsinhalt; aber besser gesagt, die Geste wird in den Dienst eines gedanklichen Inhaltes gestellt.

Erinnern wir ferner, daß die verneinende Geste im Laufe ihrer ontogenetischen Entwicklung drei verschiedene Stadien durchläuft. Zu Beginn, bei der

Geburt, ist der Suchautomatismus der Nahrungsaufnahme ein bejahendes Verhalten. Das überrascht den Psychoanalytiker nicht, denn Freud hat vielfach betont, daß es im Unbewußten kein „Nein" gibt (Freud, 1925). Das geht aus der Natur des Primärprozesses selbst hervor; da nun der Neugeborene während der ersten Wochen nach seiner Geburt nicht bewußt ist, so funktioniert er nach den Regeln des Primärprozesses. Seine Reaktionen, seine Aktivität sind die Resultate der Entladung unbewußter Spannungen. Daraus folgt, daß sein Verhalten eine Verneinung gar nicht ausdrücken kann.

Das zweite Stadium ist jenes, in welchem das Sechs-Monat-Kind die Nahrung durch Rotationsbewegung des Kopfes verweigert. Es entspricht der Stufe, auf welcher die ersten Rudimente eines bewußten Ichs konstituiert werden. Freilich verfügt in diesem Stadium das Kind noch nicht über gerichtete Verständigungsmittel, um sich einem Partner mitzuteilen. Von außen gesehen bedeutet das Verhalten, mit welchem das Kind der Nahrung ausweicht, eine Weigerung. Doch diese Weigerung ist nicht an eine Person gerichtet, sie ist nur der Ausdruck des psychophysischen Zustandes des Kindes. Erst im dritten Stadium, im fünfzehnten Monat, wenn das erblich erworbene, angeborene Schema des Suchautomatismus in den Dienst des abstrakten Begriffes der Verneinung gestellt wird, darf man dieses Verhalten als eine Mitteilung an einen anderen deuten. Dies ist der Punkt in der Entwicklung, an welchem das motorische Schema einem Verständigungssystem eingegliedert wird.

Wir haben hier einen kurzen Abriß unserer Untersuchungen über den Anfang des ersten semantischen Zeichens, sowie die Bildung des ersten Begriffes gegeben. In unserer ursprünglichen Studie (Spitz, 1957) stützen wir uns auf ein reiches Material, welches einerseits aus einer Anzahl direkter Beobachtungen an Säuglingen sowie an klinischen Fällen, andererseits auf einer ausführlichen Literaturforschung in den Gebieten der Psychologie, der Neurophysiologie, der Neuropathologie, der Phylogenese, der Ethologie usw. gegründet ist. All dies haben wir in dem vorliegenden Abriß vernachlässigen müssen, und wir verweisen den Leser auf die obengenannte Arbeit in bezug auf die weiteren Details.

Aber selbst wenn unsere Leser unsere Ausführungen über die Geste der Verneinung akzeptieren, können sie uns doch entgegnen, daß das Gegenteil der Verneinungsgeste, nämlich die Bejahungsgeste, das senkrechte Kopfnicken, wahrscheinlich ebenso verbreitet auf dem Globus ist, wie das Kopfschütteln. Und nichts von unseren Ausführungen über die verneinende Geste kann auf die bejahende Geste Anwendung finden. Es ist zum Beispiel wenig wahrscheinlich, daß die Identifizierung mit dem Angreifer oder auch mit dem

Versager eine Rolle in der Konstituierung des bejahenden Kopfnickens als semantische Geste spielt, obschon eine Identifizierung mit dem Objekt mitspielen muß. Man könnte also vielleicht sagen, daß die Aggression eine vorherrschende Rolle (wenn auch keine ausschließliche) in der Entwicklung der Verneinung hat, indes bei der Entwicklung der Bejahung diese Rolle der Libido zufallen würde. Auch das motorische Schema der Verneinungsgeste erfährt ein anderes Schicksal als jenes, das dem bejahenden Kopfnicken vorbehalten ist. Nicht nur ist es unmöglich, eine kopfnickende Bewegung im Suchautomatismus nachzuweisen; überdies ist bei Geburt die Nackenmuskulatur des Säuglings nicht genügend entwickelt, um den Kopf in der Vertikalen zu stützen und gar um ein Kopfnicken in der Vertikalen auszuführen.

Andererseits haben wir betont, daß im Beginn alle Verhaltungsweisen einen bejahenden Charakter haben, der auf die Bedürfnisbefriedigung gerichtet ist. Merkwürdig ist, daß einer dieser Verhaltensweisen, dem Suchautomatismus, nachträglich der bejahende Sinn entzogen und eine negative Bedeutung verliehen wird.

Was bleibt also für die Bejahung? Wo ist der archaische motorische Prototyp des Kopfnickschemas zu finden?

Was wir entdeckten ist nicht allzu überraschend. Auch dieses Vorbild hat seinen Ursprung in einem der Verhalten, welches sich in Beziehung zur Nahrungsaufnahme entwickelt. Allerdings handelt es sich um ein Verhalten, welches bei Geburt noch nicht vorhanden ist und sich erst drei Monate später zu entwickeln beginnt.

Im Alter von drei bis sechs Monaten ist der Säugling bereits fähig, den Kopf aufrecht zu halten und ihn mit Hilfe der Nackenmuskulatur zu bewegen. Überdies beginnt der Säugling in diesem Alter sich visuell zu orientieren. Nun haben wir beobachtet, daß das Kind, wenn man ihm im Alter von drei bis sechs Monaten während des Saugaktes die Brustwarze entzieht, Annäherungsbewegungen zur Brust in der Vertikalen ausführt. Diese Annäherungsbewegungen entsprechen dem motorischen Schema des Kopfnickens und sind dessen erste Vorläufer. In den darauf folgenden Monaten gliedert sich die kopfnickende Annäherung in das übrige Annäherungsverhalten des Säuglings ein. Im Gegensatz zum motorischen Schema des horizontalen Kopfschüttelns, welches im Laufe der Entwicklung einen Bedeutungswandel erfährt um ein Zeichen der Verneinung zu werden, behält das Kopfnicken seine bejahende Annäherungsfunktion bei. Im Laufe des zweiten Lebensjahres erwirbt es semantische Bedeutung, wird sinnerfüllt und auf diese Weise zur Geste der Bejahung, wahrscheinlich einige Monate nach dem Erwerb der semantischen Geste der Verneinung.

Wir wollen nicht die phylogenetische und artgeschichtliche Entwicklung des motorischen Schemas des Kopfnickens weiter verfolgen. Das würde eine Auseinandersetzung mit einer großen Anzahl fesselnder ethologischer Fragen erfordern und den Rahmen der gegenwärtigen Arbeit sprengen. Wir beschränken uns also darauf, nochmals zu betonen, daß alle Verhaltungsweisen im Anbeginn der Aufgabe der Triebentladung dienen und folglich eine Bejahung darstellen.

Die Geschichte der Entwicklung des „Nein" und des „Ja", ihre Differenzierung in diametral entgegengesetze Richtungen im Verlaufe des ersten Lebensjahres, ist ein eindrucksvolles Beispiel der grundlegenden Bedeutung der seelischen Entwicklung für das Schicksal archaischer Verhaltungsweisen im Leben des Individuums. Gleichzeitig bringt sie eine weitere Bestätigung von Freuds Hypothese über den Gegensinn der Urworte.

X. FEHLBILDUNGEN UND ABWEICHUNGEN
DER OBJEKTBEZIEHUNGEN

Wir haben uns in dem vorhergehenden sozusagen ausschließlich mit den positiven, entwicklungsfördernden Resultaten der Objektbeziehung befaßt. Diese haben ihre großartigste Leistung in der eben beschriebenen Entstehung der semantischen Verständigung, im Spracherwerb. Wir verweisen auf die weitgehenden Konsequenzen dieser höchsten Stufe der Entwicklung im Tierreiche und weisen darauf hin, daß damit einerseits die sozialen Beziehungen ihren Anfang nehmen und zwar auf einer im übrigen Tierreiche nie erreichten und völlig neuen Stufe. Andererseits ist mit diesem Schritte dem Menschen ein Werkzeug gegeben, welches es ihm ermöglicht hat, im Laufe der Jahrtausende die Natur zu erschließen und schließlich zu beherrschen; nicht nur den Rahmen, den seine physische Ausstattung ihm vorschrieb, zu sprengen, sondern überdies aus dem Rahmen des Planeten selbst hinauszuschreiten.

Doch die Objektbeziehungen müssen nicht notgedrungen positive Resultate ergeben. Die Abweichungen von der Norm können zahlreich sein, und unter diesen Abweichungen gibt es manche, die die Entwicklung des Kindes im negativen Sinne beeinflussen. Solche Abweichungen können zu Fehlbildungen führen, und wir wollen im folgenden einen kurzen Blick auf die verschiedenen Formen solcher Fehlbildungen der Objektbeziehungen werfen, soweit sie uns in unseren Untersuchungen und Beobachtungen zugänglich geworden sind.

Ich habe anfangs darauf hingewiesen, daß unsere Untersuchungen am Säugling dadurch vereinfacht wurden, daß das Gesamt der im Universum des Kindes wirksamen Faktoren im ersten Lebensjahr auf die Beziehung von Mutter und Kind zurückgeführt werden kann. Die im Verlauf unserer Arbeiten gesammelten Beobachtungen an einer relativ kleinen Zahl von Kindern — 366 — ermöglichten daher, versuchsweise eine ätiologische Klassifizierung der Störungen der Objektbeziehungen zu formulieren. Wir haben die Hypothese aufgestellt, daß diese Störungen sich durch gewisse Anomalien in der Persönlichkeitsentwicklung des Kindes im Verlauf des ersten Lebensjahres kundtun. Im folgenden werden wir notwendigerweise die angeborenen Faktoren außer Acht lassen müssen; ihre Mitberücksichtigung würde unsere Aufgabe erheblich komplizieren. Im übrigen ist es auch bei dem heutigen Stand unseres Wissens eine unlösbare Aufgabe. Wir werden ebenso jene Persönlichkeitsveränderungen, die durch körperliche oder andere Schädigungen des Kindes bedingt sind, unberücksichtigt lassen.

Alle Kinder, die an derartigen Schäden litten, wurden aus unserem Beobachtungsmaterial ausgeschieden. So haben wir z. B. solche Kinder ausgesondert, die blind oder mehrere Monate zu früh geboren waren. Doch waren solche Fälle in dem von uns untersuchten Material außerordentlich selten, da wir uns ja eigens einerseits auf Anstalten beschränkt hatten, die für gesunde Kinder eingerichtet waren und andererseits Kinder in der Familie beobachteten. In beiden Fällen wurden manifest erbgeschädigte oder später erkrankte Kinder an die dafür eingerichteten Spitäler überwiesen. So blieben in dem von uns beobachteten Material die Störungsmöglichkeiten mehr oder weniger auf die Mutter-Kind-Beziehung reduziert. Bei einem solchen Kindermaterial nahmen wir an, daß es bei normaler Mutter-Kind-Beziehung keine *psychische* Störung geben würde, es sei denn durch zufällige äußere Schädigung wie Krankheit oder Hungersnot. Was aber nennen wir eine normale Mutter-Kind-Beziehung? Es ist eine Beziehung, die sowohl die Mutter wie das Kind befriedigen muß.

In dieser Definition sind zwei grundverschiedene Elemente enthalten. Das, was für die Mutter befriedigend wirkt, unterscheidet sich sehr von dem, was den Säugling befriedigen kann. Es ist fast ein Gemeinplatz, zu sagen, daß die normale Mutter ein beinahe animalisches Gefühl des Besitzes ihrem Kinde gegenüber empfindet. Es war ein Teil ihrer selbst — es wird es wieder während des Stillprozesses in den ersten Wochen nach der Entbindung. An manchen Müttern kann man beobachten, daß das ein völlig unzivilisiertes Gefühl ist. Je weiter wir uns von der Entbindung entfernen, desto mehr schwindet das Triebhafte dieser Beziehung.

Damit ist auch gesagt, daß die Zivilisation, und ich meine nicht unsere westliche Zivilisation, sondern auch weitgehend das, was man als primitive Kultur bezeichnet, sich immer wieder mit dem Stillakt in der einen oder anderen Form in Gegensatz stellt. In unserer eigenen Zivilisation sehen wir das zur Genüge von seiten der Ärzte, Krankenschwestern usw. Dabei werden gröbere und subtilere Mittel verwendet. Unter den subtileren werden der Frau ihrer „würdigere" Ziele angeboten. Oder der Ehepartner äußert seine Eifersucht in mehr oder weniger manifester Weise.

Was das Kind nun der Mutter bedeutet, wird einerseits von diesen verschiedenartigen Kräften beeinflußt. Andererseits aber, und in einem weit wirksameren und wesentlicheren Maße werden die Kindheitserlebnisse der Mutter die Rolle bestimmen, welche ein Kind in ihrem seelischen Haushalt spielen wird. Diese Kindheitserlebnisse lassen sich in zwei Hauptgruppen einteilen: Einerseits, wie sich die individuelle Mutter in der ödipalen Phase der Latenz, der Pubertät mit dem speziellen Problem der Weiblichkeit auseinandergesetzt hat. Andrerseits, wie sie ihre Triebe verarbeitet hat und wie ihre Triebkonstellation ihre Persönlichkeit strukturiert hat. Somit ist für jede Mutter die Bedeutung des aus ihrem eigenen Körper geborenen Kindes, über das Physiologische und das Phylogenetische hinaus, durch ihre persönliche Lebensgeschichte bestimmt. Der Lustgewinn, den sie aus der Gegebenheit „Kind", und zwar „ihr Kind", beziehen kann, ist einerseits ein narzißtischer, andererseits ein objekt-libidinöser. Vom strukturellen Gesichtspunkte sind die Befriedigungen, die die Mutter von ihrem Kinde bezieht, umfassend. Es sind Es-Befriedigungen, Ich-Befriedigungen und Über-Ich-Befriedigungen. Das verleiht dem vorhin Gesagten noch größeren Nachdruck: Die Befriedigungen der Mutter in den Beziehungen zum Kinde sind durch die Komponenten ihrer Persönlichkeit bedingt, durch die Veränderungen, die sich an diesen Komponenten bis zum Augenblick der Geburt des Kindes vollzogen haben. Andererseits wird diese Befriedigung bedingt durch das Entgegenkommen des Kindes, durch die Art und Weise, in welcher die kongenitale Apparatur des Kindes es vermag, das Gesamt der verschiedenen Elemente der mütterlichen Persönlichkeit einerseits, die von der äußeren Realität auferlegten Bedingungen andererseits zu befriedigen.

Vom Standpunkt des Säuglings betrachtet, haben die Objektbeziehungen ganz andersartigen Bedürfnissen zu dienen. Zunächst ist der Säugling ein Organismus, der sich in einer raschen Entfaltung und einer fortschreitenden Entwicklung befindet. Die Art seiner Befriedigungen wird daher gleichfalls einer raschen Veränderung unterworfen sein, so daß sie auf jeder der nacheinanderfolgenden Entwicklungsstufen fortschreitende Verwandlungen erfahren. Auf der primitivsten Stufe, auf der noch kein Ich vorhanden ist, dienen die Beziehungen mit der Mutter der Befriedigung von Bedürfnissen, die dem Physiologischen näher stehen als dem Psychologischen. Diese Befriedigungen bringen dem Kind Sicherheit, die Aufhebung von Bedürfnis-Spannungen und die Befreiung von Unlustspannungen. Nach der Entfaltung des Ichs erfordern die Befriedigungen, derer der Säugling bedarf, immer mannigfaltigere, komplexere Beziehungen. Die Reaktionen der Mutter auf die Initiative des Kindes ermöglichen ihm die Befriedigung seiner libidinösen und aggressiven Triebe in Form von Handlungen. Diese zirkulären Wechselwirkungen zwischen Mutter und Kind entwickeln sich immer weiter. Sie ermöglichen und erleichtern die Integrierung der Reifungsprozesse beim Kinde. Sie bewirken eine wachsende „Komplexität" der Ich-Struktur und führen zur Bildung zahlreicher neuer Systeme. Die wachsende Komplexheit des Ichs hat zur Folge, daß die Skala der vom Kinde in seinen Objektbeziehungen gewünschten Befriedigungen sich im geometrischen Sinne vervielfältigt.

Ich bin mir darüber im klaren, wie sehr diesem Versuch, die normalen

Objektbeziehungen zu definieren, etwas Vages und Tastendes anhaftet. Es ist schwierig, wenn nicht unmöglich, eine Formel zu finden, die die vielgestaltigen und unsichtbaren Strömungen, das dumpfe, machtvolle und zugleich subtile Fluten, das in diesen Beziehungen hin und hergeht, zum Ausdruck bringen könnte. Aber man kann nicht genügend betonen, daß diese Objektbeziehung in einer ständigen Wechselwirkung zwischen zwei sehr ungleichen Partnern stattfindet, zwischen Mutter und Kind; daß der eine der Partner die Reaktionen des anderen provoziert und umgekehrt; daß diese zwischenmenschliche Beziehung aus einem Feld von Kräften besteht, die in stetem Wechsel begriffen sind und sich ununterbrochen gegenseitig beeinflussen. Vielleicht können wir sagen, daß wir mit Objektbeziehungen, die zugleich Mutter und Kind befriedigen, Beziehungen oder Kräfte meinen, die sich ergänzen, indem sie nicht einem der Partner Befriedigung geben, sondern die Befriedigung *eines* Partners gleichzeitig auch die des andern bedeutet.

Im folgenden werden wir Fehlbildungen der Objektbeziehungen in erster Linie vom Gesichtspunkt der von der Mutter ausgehenden Einflüsse beschreiben. In der Beziehung zwischen Mutter und Säugling ist die Mutter der dominierende und aktive Partner. Zumindest in der ersten Zeit ist das Kind der passive Empfänger. Abweichungen in der mütterlichen Persönlichkeit werden daher in den Störungen des Kindes zum Ausdruck kommen.

Wir haben die psychischen Einflüsse während der Kindheit damit auf die einzige Beziehung zwischen Mutter und Kind begrenzt; dies bringt uns zu unserer zweiten Hypothese. Sie besagt, daß die schädlichen psychischen Einflüsse als Folge von unbefriedigenden Beziehungen zwischen Mutter und Kind entstehen. Wir können diese schädlichen Einflüsse in zwei Kategorien einteilen:

1. Ungeeignete Mutter-Kind-Beziehungen.
2. Unzureichende Mutter-Kind-Beziehungen.

Mit anderen Worten: In der ersten Kategorie ist die Störung der Objektbeziehungen qualitativer, in der zweiten Kategorie quantitativer Art.

Die ungeeigneten Mutter-Kind-Beziehungen. — Diese können sich in ganz verschiedenen Formen äußern. Wir fanden eine Anzahl klinischer Krankheitsbilder, die mit spezifischen Formen ungeeigneter Mutter-Kind-Beziehungen verbunden zu sein schienen. Indem wir von klinischen Bildern sprechen, haben wir gleichzeitig den Begriff des Pathologischen eingeführt. Die klinischen Bilder, die wir beschreiben werden, gehören nämlich wenigstens teilweise in das Gebiet der Kinderheilkunde; es sind Störungen, die in der frühen Kindheit auftreten. Wir behaupten durchaus nicht, daß wir in

84

den spezifischen Störungen der Objektbeziehungen die endgültige Ätiologie für jedes dieser Krankheitsbilder gefunden hätten. In gewissen Fällen haben wir eindeutige kongenitale Faktoren gefunden, die offensichtlich zur Entwicklung der betreffenden Krankheit beitrugen, wenn der psychogene Faktor hinzukam. Vorsichtig ausgedrückt, wollen wir sagen, daß die klinischen Bilder, die wir beschreiben werden, von uns in ganz bestimmten Milieus beobachtet wurden. Die Folgerungen, die wir aus diesen Beobachtungen gezogen haben, sind daher bis auf weiteres auf dieses Milieu beschränkt und werden allgemeine Gültigkeit erst beanspruchen können, wenn sie in einer Reihe anderer Milieus überprüft worden sind. Bis dahin sind unsere Befunde als Hinweise auf die Möglichkeit einer psychogenen Ätiologie anzusehen, die noch der Bestätigung bedürfen.

Diese Milieus sind von uns in früheren Veröffentlichungen im einzelnen beschrieben worden. Ihnen ist gemeinsam, daß sie sich alle im westlichen Kulturbereich befinden. Die klinischen Bilder, die sich bei einer statistisch relevanten Anzahl der beobachteten Säuglinge in diesen spezifischen Milieus ergaben, waren teils organische Krankheiten, teils abnorme Verhaltensweisen. Wir konnten feststellen, daß beim Auftreten dieser Krankheitsbilder (neben anderen, in unseren Veröffentlichungen angeführten Elementen) psychogene Faktoren nachweisbar waren, die aus der Mutter-Kind-Beziehung stammten. In den letzten zwanzig Jahren hat sich die Ansicht durchgesetzt, daß psychische Schädigungen und Traumen beim Erwachsenen somatische Krankheiten herbeiführen können. Beim Kinde ist ein solcher Zusammenhang noch weniger überraschend, da es sich, wie gesagt, in einem Zustand unvollkommener Differenziertheit zwischen Soma und Psyche befindet. Man darf daher erwarten, daß psychische Einflüsse in das Soma hin ausstrahlen oder daß gewisse psychische Einflüsse die Resistenz des Organismus für Krankheiten jeder Art herabsetzen können.

Unsere Hypothese für diese erste Kategorie von Fehlbildungen in den Objektbeziehungen besagt also, daß die Mutter sich so verhält, daß sie dem Kinde ungeeignete Beziehungen bietet. Ihre spezifischen Verhaltensweisen schädigen ihre Beziehungen mit dem Kinde und wirken nach der Art eines psychischen Giftes. Deshalb haben wir diese Gruppe von gestörten Objektbeziehungen oder besser ihre Folgen die *psycho-toxischen Störungen* der Kindheit genannt. In der Ätiologie der psycho-toxischen Störungen des Kindes können wir eine Gruppe verschiedener schädlicher mütterlicher Verhaltensweisen unterscheiden. Wir werden sie in der chronologischen Folge ihres Auftretens besprechen.

Die unzureichenden Mutter-Kind-Beziehungen. — Die zweite große Kategorie umfaßt die unzureichenden Objektbeziehungen, d. h., es handelt sich um Kinder, die ohne mütterliche Beziehungen sind. Diese Kinder zeigen ein sehr charakteristisches klinisches Bild; es ist, als hätte man ihnen etwas für ihre vollständige Entwicklung sehr Notwendiges entzogen, ein für sie lebenswichtiges Element. Ein analoges Phänomen beobachtet man bei den Avitaminosen, deshalb habe ich diese zweite Kategorie „Störungen durch Affektentzug" genannt.

Wenn den Kindern die mütterliche Beziehung ohne adäquaten Ersatz entzogen wird, wird ihnen etwas vorenthalten, was ich mit *libidinöser Zufuhr* bezeichnen möchte. Bei Kindern, die an Affektentzug leiden, ist die libidinöse Zufuhr unzureichend.

	Psychogene Krankheiten im Säuglingsalter Ätiologische Klassifizierung	
	Mütterliche Haltung	*Krankheit des Säuglings*
Psycho-toxische Krankheiten	Primäre unverhüllte) passive Ablehnung des Kindes) (Nicht-Akzeptierung)) aktive	Koma des Neugeborenen (Ribble) Erbrechen
	Primäre ängstliche Besorgnis	Dreimonatskolik
	Feindseligkeit i Form ängstlicher Besorgnis	Atopische Dermatitis des Säuglings
	Kurzwelliges Pendeln zwischen Verwöhnung u. Feindseligkeit	Hypermotilität (Schaukeln)
	Langwellige zyklische Stimmungsverschiebungen	Koprophagie
	Bewußt kompensierte Feindseligkeit	Aggressiver Hyperthymiker (Bowlby)
Ausfall-Krankheiten	Partieller Entzug affektiver Zufuhr	Anaklitische Depression
	Völliger Entzug affektiver Zufuhr	Marasmus

Abb. 15. Klassifizierung mütterlicher Haltungen und die im Zusammenhang damit auftretenden psychogenen Störungen beim Säugling.

Die Störungen des Liebesentzuges umfassen zwei Unterabteilungen, entsprechend dem Grade des Fehlens affektiver Zufuhr:

1. Partieller Entzug. 2. Völliger Entzug.

Selbstverständlich betrifft der völlige Entzug nur die affektive Zufuhr; ein Minimum an Nahrung, Pflege und Wärme ist für die Existenz des Kindes unerläßlich.

Die angeführte Tabelle gruppiert die mütterlichen Einstellungen und die entsprechenden kindlichen Störungen.

Es folgt nun eine Besprechung der in der Tabelle angeführten Syndrome.

XI. PSYCHOTOXISCHE STÖRUNGEN

1. Aktive primäre unverhüllte Ablehnung

Bei diesem Syndrom besteht bei der Mutter eine totale Ablehnung der Mutterschaft, d. h. der Schwangerschaft, des Kindes und wahrscheinlich auch des Sexualaktes.

2. Passive primäre unverhüllte Ablehnung

Die Reaktion des Neugeborenen auf eine Mutter, die es nicht akzeptiert, ist von Margaret Ribble (1938) beschrieben worden. In extremen Fällen werden die Neugeborenen komatös, mit Cheyne-Stokes'scher Atmung, tiefer Blässe und herabgesetzter Sensibilität. Man behandelt diese Kinder wie bei akuten Schockzuständen mit rektalen Salzklysmen, intravenösen Glukoseinjektionen und Bluttransfusionen. Sobald sie sich erholt haben, muß man ihnen das Saugen durch Reizung der Mundpartie beibringen. Diese Zustände sind für das Neugeborene lebensbedrohlich.

Ich habe ähnliche Fälle beobachtet und sie sogar in einem Film festgehalten (M. 44).

Fall Mat. Nr. 55. — Die Mutter des Kindes ist 16 Jahre alt, ein zartgebautes junges Mädchen; sie ist unverheiratet. Sie ist als Hausmädchen beschäftigt. Sie wurde vom Sohn ihres Dienstherrn verführt; ein einziger Sexualakt fand statt, der eine Schwangerschaft zur Folge hatte. Sie ist gläubige Katholikin. Während der Schwangerschaft litt sie an schweren Schuldgefühlen. Das Kind war keineswegs erwünscht. Die Niederkunft fand in einem Entbindungsheim statt und war normal. Das Kind wurde nach 24 Stunden ohne Erfolg angelegt. Das gleiche wiederholte sich bei den nächsten Stillversuchen. Man sagte, die Mutter habe keine Milch. Es war jedoch ohne Schwierigkeiten möglich, Milch aus der Brust herauszudrücken. Auch hatte der Säugling keinerlei Schwierigkeit, die ausgedrückte Milch aus der Flasche zu trinken. Aber wenn man das Kind an die Brust legte, behandelte die Mutter das Kind, wie wenn es eine Sache, etwas Fremdes sei, und kein lebendes Wesen. Ihre Haltung war abweisend, starr und gespannt, was man am Körper, im Gesicht und an den Händen ablesen konnte.

Diese Situation blieb fünf Tage lang unverändert bestehen. Wir filmten den letzten Versuch des Anlegens, bei dem man beobachten konnte, wie das Kind in eine Art präkomatösen Stupor verfiel, wie er von Ribble beschrieben worden war. Das Kind wurde mit Hilfe von Kochsalzzufuhr und Sondenfütterung wieder zum Leben erweckt.

Wegen der Begleitumstände und im Hinblick auf das intellektuelle Niveau der Mutter ergriffen wir die allereinfachsten Maßnahmen. Wir gaben ihr genaue Instruktionen, wie sie sich ihrem Kinde gegenüber zu verhalten habe, wie sie es auf den Arm nehmen und ihm die Brust reichen solle und ließen sie das üben. Inzwischen hatte sich das Kind erholt und nach fünf Tagen gelang schließlich das Anlegen. Das Kind fing an zu gedeihen, wenigstens innerhalb der nächsten sechs Tage, die ich es beobachten konnte.

Man kann sich fragen, wie sich ein Kind entwickeln wird, das bei der Geburt eine derart unverhüllte Ablehnung erfährt. Wahrscheinlich wird man bei diesem Kinde auch nach

Überwindung dieser ersten unmittelbar lebensbedrohlichen Reaktionen später psycho-somatischen Folgeerscheinungen begegnen, wenn auch diese dann weniger ernst sein werden. Ich glaube, daß manche Fälle von Erbrechen im ersten Trimenon in diese Kategorie gehören.

Wir lassen noch ein anderes Beispiel folgen, in welchem das Verhalten der Mutter in Kategorie Nr. 2 gehört.

Aktive Ablehnung. — Fall WF, Nr. 3. — Zu Anfang stillte die Mutter das Kind selbst. Bald darauf weigerte sie sich, es weiter zu nähren, weil sie behauptete, das Kind müsse danach erbrechen. Man ersetzte die Brust durch die Flasche, aber es erbrach weiter. Man änderte die Zusammensetzung der Nahrung. Während der ganzen Zeit beklagte sich die Mutter über das Kind. Nach drei Wochen bekam die Mutter eine Grippe, wurde ins Krankenhaus gebracht und von ihrem Kind getrennt. Dieses wurde dann mit dem gleichen Nahrungsgemisch mit der Flasche von einer Pflegeperson gefüttert. Das Erbrechen hörte schlagartig auf. Diese Ernährungsweise wurde sechs Wochen lang durchgeführt. Danach verließ die Mutter das Krankenhaus und kehrte zu ihrem Kind zurück. 48 Stunden später trat das Erbrechen beim Kinde erneut auf.

Wenn wir unseren Eindruck über diese Fälle formulieren wollten, die wir übrigens nicht vollständig und gründlich genug untersuchen konnten, würden wir sagen, daß die mütterliche Ablehnung, die Nicht-Akzeptierung, nicht dem Kinde als Objekt gilt, sie richtet sich nicht gegen das Kind als Individuum, sondern gegen die Tatsache, überhaupt ein Kind zu haben. Mit anderen Worten, es handelt sich hier um eine Ablehnung der Mutterschaft als solcher. Dieses Verhalten findet man während der ersten Lebenswochen des Kindes — vielleicht noch während der ersten Lebensmonate. Später macht sich die Individualität des Kindes selbst mehr bemerkbar; die mütter-liche Feindseligkeit wird nun eine spezifischere und richtet sich von da an gegen die besondere Individualität ihres Kindes.

Je mehr das Kind heranwächst, desto reicher und vielgestaltiger wird seine Persönlichkeit; die Feindseligkeit der Mutter tritt mit der entwickelteren kindlichen Persönlichkeit in Konflikt; und als Ergebnis sehen wir eine ganze Reihe individueller und vielfältiger Formen mütterlicher Feindseligkeit.

Die Ablehnung des Kindes als Person unterscheidet sich von der *totalen objektlosen mütterlichen Ablehnung,* bei der sich die Ablehnung nicht gegen das Kind als Individuum richtet, sondern gegen die Tatsache, ein Kind zu haben. Man darf annehmen, daß die Haltung dieser Mutter, ihre verall-gemeinerte Feindseligkeit gegen die Mutterschaft überhaupt, ihre Wurzeln in der individuellen Lebensgeschichte dieser Frauen hat. Sie kann von ihren Beziehungen zum Vater des Kindes, von der individuellen Weise, wie sie den Ödipuskonflikt gelöst hat und mit ihrer Kastrationsangst fertig gewor-den ist, bestimmt sein. In den folgenden Monaten spielen die sich daraus ergebenden Beziehungen zu ihrem Kinde eine wesentliche Rolle — eine sekundäre Bearbeitung findet statt, die aus der verallgemeinerten Feind-seligkeit zu spezifischen Formen führt. Die unverhüllte primäre Ablehnung übt ihren Einfluß auf ein Wesen aus, das noch nicht einmal begonnen hat, eine Methode der Abwehr oder Anpassung irgendwelcher Art zu entwickeln. Erinnern wir uns, daß das Kind sich bei der Geburt im Stadium des pri-mären Narzißmus befindet, der noch gänzlich archaisch ist. Es ist im Begriff, die noch gänzlich archaischen Formen der Oralität zu entwickeln, die dann in das, was wir in der Psychoanalyse das orale Stadium nennen, übergehen. In diesem archaischen Stadium sind die Kontakte des Säuglings mit der Umwelt gerade erst von der Nabelschnur auf den Mund und die Einver-leibung übergangen. Es ist logisch, daß in den von uns beschriebenen Fällen die Symptome während der ersten Lebenstage sich in einer Art Paralyse der Nahrungsaufnahme äußern und in einem etwas weiter fortgeschrit-tenen Stadium in Form einer Ablehnung, wie es das Erbrechen ist, auf-treten.

3. Primäre, ängstlich übertriebene Besorgnis

Die mütterliche Einstellung der primären ängstlich übertriebenen Besorgnis ist eine im ersten Drittel des ersten Lebensjahres auftretende Spezialform des Syndroms, das David Levy (1943) *maternal overprotection* (mütter-liche Über-Besorgtheit) genannt hat. Dieser Begriff ist von verschiedenen Autoren ein wenig zu Unrecht und nicht präzise genug angewendet wor-den, er umfaßt eine weite Skala von Einstellungen und Verhaltensweisen, ganz abgesehen von den zugrunde liegenden Motivationen. Wir werden versuchen, in den folgenden Kapiteln verschiedene Formen dieser „mütter-lichen Über-Besorgtheit" zu unterscheiden und zwar auf Grund unserer Untersuchungen der bei den Müttern bestehenden Motive; ferner werden wir uns mit den individuellen Formen, die das Verhalten annimmt, befassen. Endlich wollen wir den Zusammenhang zwischen dem spezifischen klinischen Bild, das das Kind bietet, und dem mütterlichen Verhalten untersuchen. Wir glauben zum Beispiel, daß zwischen der primären, ängstlich übertrie-benen Besorgnis der Mutter und dem von Benjamin Spock als *Dreimonats-kolik* bezeichneten Zustand beim Säugling ein Zusammenhang besteht.
Die *Dreimonatskolik* ist eine den Kinderärzten wohlbekannte Störung mit folgenden klinischen Symptomen: Um die dritte Lebenswoche beginnt das Kind nachmittags zu schreien und beruhigt sich nach einigen Stunden. Dieses Verhalten besteht bis zum Ende des dritten Monats. Man kann es vorüber-gehend beruhigen, indem man ihm Nahrung zuführt. Man hat den Ein-druck, daß diese Säuglinge kolikartige Leibschmerzen haben. Es ist einerlei, ob man nun das Kind von der Brust auf die Flasche umstellt, von

Flaschenmilch wieder auf Brustmilch übergeht oder andere Änderungen der Nahrung vornimmt — alles bleibt erfolglos. Ebenso wirkungslos waren eine Anzahl Medikamente, unter anderem das Atropin. Der Stuhlgang dieser Kinder zeigte keinerlei pathologische Veränderungen, wenngleich in manchen Fällen leichte Durchfälle auftreten können. Die Schmerzen der Kinder halten einige Stunden an, beruhigen sich dann und kehren am nächsten Tag zurück. Nach etwa drei Monaten verschwindet die Störung allmählich, ebenso unerklärlich wie sie aufgetreten ist, zur großen Erleichterung der Mutter und des Kinderarztes.

Spanische und südamerikanische Kinderärzte haben eine mir interessant erscheinende Beobachtung gemacht. Auch sie hatten die Dreimonatskolik gesehen, aber „dispepsia transitoria" benannt (Alarcon 1929, 1943) [10]. Alarcon und später Soto (1937) stellten indessen fest, daß die Dreimonatskolik bei Heimkindern unbekannt sei.

Ich konnte diese Beobachtung aus meiner eigenen Erfahrung voll und ganz bestätigen. In den verschiedenen Heimen, in denen ich Kinder beobachten konnte, spielte die Dreimonatskolik überhaupt keine Rolle. Sie tritt in Heimen, in denen die Kinder ohne mütterliche Pflege aufgezogen werden, gar nicht in Erscheinung. In den als „Nursery" bezeichneten Institutionen, in denen die Mutter-Kind-Beziehungen noch relativ am besten waren, kam sie etwas häufiger vor. Im Gegensatz dazu war die Dreimonatskolik bei der relativ kleinen Zahl der beobachteten Kinder, die in ihren Familien lebten, recht häufig.

Soto (1937) erklärt das Fehlen der Dreimonatskolik bei Heimkindern aus der Tatsache, daß die Kinder dort nicht „verwöhnt" werden. Er beobachtete eine beträchtliche Anzahl Kinder in einer Anstalt für von ihren Müttern verlassene Kinder und beschreibt ihre Behandlungsweise wie folgt: „Die Schwester nimmt das Kind nur dann auf den Arm, wenn sie es füttern will. Sie zeigt dabei jene Gleichgültigkeit, die für jemand charakteristisch ist, der sich mit einem Kind beschäftigt, das nicht sein eigenes ist." Mit *einer* Ausnahme gab es in diesem Heim keinen Fall von Dreimonatskolik.

Dieser Ausnahmefall war ein Kind, das mit sechs Wochen von einer Frau adoptiert wurde, die Soto als sehr zärtlich schildert. Sie trug es oft auf dem Arm und spielte fortgesetzt mit ihm, was zur Folge hatte, daß das Kind nach einigen Tagen weinerlich wurde und an Koliken zu leiden begann. Nach Sotos Meinung ist dies das Resultat einer „übertriebenen Besorgnis" dieser Frau und der „Unordnung", die sie in den regelmäßigen und geordneten Stundenplan dieses Kindes brachte.

---

10 Übrigens hat Finkelstein (1938) einen ähnlichen Zustand unter der Bezeichnung „Spastische Diathese" beschrieben. Weill (1900) glaubte, die Ursache sei die Unfähigkeit zur Verdauung der mütterlichen Milch.

Soto behauptet, daß das streng auf die Minute geregelte Fütterungs-System der Kinderanstalten sowie das völlige Fehlen von mütterlicher Fürsorge das Ausbleiben der Dreimonatskolik in diesem Milieu erklären.

Diese Beobachtung wird durch eine Bemerkung Spocks ergänzt, der ebenfalls annimmt, daß die übertriebene Besorgnis der Mutter in der Ätiologie der Dreimonatskolik eine gewisse Rolle spiele. Es bleibt zu untersuchen, welche der zahlreichen Formen, unter denen die übertriebene mütterliche Besorgnis auftreten kann, für diese Störungen der Säuglinge verantwortlich gemacht werden kann.

Vor kurzer Zeit ist eine Reihe interessanter Beobachtungen von Milton Levine und Anita Bell (1950) veröffentlicht worden. Es handelte sich dabei um eine Anzahl Säuglinge, die an Dreimonatskolik litten. Spock hatte bereits darauf hingewiesen, daß die von ihm beobachteten Fälle regelmäßig bei Kindern, die in ihren Familien lebten, auftraten. Soto stellte fest, daß die Störung bei Heimkindern unbekannt sei. Levine und Bell beobachteten 28 Säuglinge, die alle von der eigenen Mutter in der Familie aufgezogen wurden und nach dem „self-demand"-System (Stillen auf Verlangen, Nahrungsmenge wird vom Kinde bestimmt) ernährt wurden. Alle 28 litten an Dreimonatskolik.

Diese Beobachtung fügt ein neues Element in unser Bild ein. Das Prinzip „Stillen auf Verlangen" fordert, daß die Mutter immer, wenn das Kind gestillt werden möchte, Nahrung reicht (sei es Flasche oder Brust). Die Methode wird durch den Bericht eines Frauenarztes vortrefflich charakterisiert, der ein begeisterter Anhänger dieses Prinzips war und es in seiner Klinik eingeführt hatte. Dort konnte er beobachten, daß die Kinder wenige Tage nach der Geburt bis zu 28mal in 24 Stunden gestillt wurden. Es ist nicht abwegig, zu vermuten, daß eine Mutter, die für das „self-demand"-Prinzip eintritt, um ihr Kind besorgt ist. Und diese Besorgnis kann leicht die Form der ängstlich übertriebenen Besorgnis annehmen.

Levine und Bell berichten über einen zweiten von ihnen beobachteten Faktor, den Spock nicht erwähnt, obgleich sowohl Finkelstein wie Alarcon ihn anscheinend vermuteten. Die 28 von ihnen beobachteten Säuglinge zeigten nämlich von Anfang an einen erhöhten Muskeltonus. Dieser war an der gesamten Muskulatur wahrnehmbar, vor allem aber an den Bauchmuskeln und der Darmperistaltik. Sie schlugen eine sehr altmodische Therapie vor: Sie gaben den Kindern einen Schnuller, und die Koliken, die trotz eifrigster Bemühungen der Kinderärzte fortbestanden, verschwanden nun sofort. Wie läßt sich die überraschende Wirkung des Schnullers erklären? Wie können wir die Dynamik dieser Therapie theoretisch formulieren?

Um zu einer solchen Hypothese zu kommen, wollen wir das, was wir über die Dreimonatskolik nun erfahren haben, näher betrachten. Zunächst lassen sich in der Ätiologie der Störungen zwei Faktoren unterscheiden: Einerseits die übertriebene Besorgnis der Mutter, andererseits die angeborene Hypertonie des Kindes.

Ich würde daher annehmen, daß in der Verursachung der Dreimonatskolik zwei Faktoren zusammenwirken: Wenn ein Neugeborenes mit angeborener Hypertonie der Muskulatur (insbesondere der viszeralen glatten Muskulatur) von einer ängstlich und übertrieben besorgten Mutter aufgezogen wird, dann wird es wahrscheinlich nach einigen Wochen eine Dreimonatskolik entwickeln.

In dieser Hypothese haben wir das eingangs dieser Arbeit erwähnte Postulat Freuds über die Ergänzungsreihen zur Anwendung gebracht. Erinnern wir daran, daß er für die Entstehung des hysterischen Symptoms einerseits ein körperliches Entgegenkommen, andererseits ein psychisches Geschehen verantwortlich macht.

Beim Säugling liegen die Bedingungen sehr einfach: kein Konflikt zwischen Ich und Über-Ich, da weder das eine noch das andere vorhanden ist; es bildet sich ein circulus vitiosus zwischen der Muskelhypertonie und der übertriebenen Besorgnis der Mutter, besonders wenn nach der Methode des „self-demand" verfahren wird. Man kann annehmen, daß eine übertrieben besorgte Mutter im allgemeinen die Tendenz hat, dem Kind bei irgendwelchen Zeichen der Unlust Flasche oder Brust zu reichen. Man darf sogar annehmen, daß es oft eine unbewußte Feindseligkeit dieser Mütter ihren Kindern gegenüber ist, die in ihnen Schuldgefühle hervorruft, welche sie dann überkompensieren. Die Überkompensierung veranlaßt die Mutter dann, das „self-demand" zu akzeptieren und sogar darauf zu bestehen. Von der Mutter aus betrachtet, hat diese Methode zweifellos einen Aspekt der Selbstbestrafung für den Wunsch, dem Kinde *nichts* geben zu wollen — und am wenigsten von allem die Brust.

Es ist relativ leicht, die psychologischen Faktoren und die Dynamik im Verhalten dieser Mütter zu erkennen. Viel schwieriger ist ihr Erkennen in der undifferenzierten Psyche des drei Wochen alten Kindes. Hier kommt uns jedoch die Physiologie zu Hilfe. Ein Säugling mit Hypertonie wird viel größere Spannungen zur Abfuhr bringen müssen als ein ruhiges und phlegmatisches Kind. In den ersten Lebenswochen wie auch in der frühen Kindheit ist der Mund das wichtigste Organ für eine derartige Abfuhr. Das Bedürfnis für diese Abfuhr ist von Levy (1934) an Hand von Untersuchungen an Hunden und Kindern gezeigt worden. Wenn diese Hunde und Kinder keine ausreichende Gelegenheit zum Saugen an den Mamillen hatten, weil die mütterliche Milch zu rasch lief, so zeigten sie die Neigung, diesen Mangel an Gelegenheit zur Abfuhr durch viel häufigeres Saugen an Fingern oder anderen Gegenständen zu ersetzen.

Wir können also bei der Nahrungsaufnahme zwei Funktionen unterscheiden: 1. die Nahrungsaufnahme selbst, die gleichzeitig Hunger und Durst stillt, 2. die Spannungsabfuhr, oder wenn man es vorzieht, die Befriedigung der Mundschleimhaut durch die Tätigkeit der Lippen, der Zunge und des Gaumens während des Saugens. Es ist selbstverständlich, daß die durch die orale Aktivität abgeführte Spannung ihren Ursprung nicht in der oralen Zone, sondern in der allgemeinen libidinösen Spannung des Körpers hat.

Die Untersuchungen von Levy gehen mit denen des Psychologen K. Jensen (1932) parallel. Er konnte durch eine an mehreren hundert Neugeborenen durchgeführten Beobachtungsreihe zeigen, daß unmittelbar nach der Geburt jede Reizung, gleichgültig an welcher Stelle des Körpers sie stattfand, mit dem Saugreflex beantwortet wird. Es waren ganz verschiedene, vom Neutralen bis zum Schmerzhaften gehende Reize, wie zum Beispiel Ziehen an den Haaren, Zwicken, Nadelstiche bis zum Fallenlassen aus einer Höhe von 30 cm. Es ist durchaus zulässig, daraus zu schließen, daß jede Spannungserhöhung in den ersten Lebenswochen des Kindes ihre Abfuhr in der oralen Aktivität findet.

Wenn wir nach dieser Abschweifung zu den von Levine und Bell beobachteten Kindern zurückkehren, können wir folgende Schlüsse ziehen: Da diese Kinder hypertonisch waren, zeigten sie mit großer Häufigkeit ihr Bedürfnis nach Spannungsabfuhr durch Unlustsymptome. Es ist anzunehmen, daß eine überbesorgte Mutter in ihrem Eifer, das Kind zu beruhigen, sich nicht die Muße nimmt, feinere Unterscheidungen des kindlichen Schreiens zu machen, wie dies eine Mutter tun würde, die weniger an Schuldgefühlen leidet. Sie greift zum Nächsten, das ihr durch ihr Schuldgefühl suggeriert wird: Das ist die Nahrung, und sie füttert das Kind. So erhält das Kind die Spannungsabfuhr mittels Nahrung, die ihrerseits nun eine Reizung des Mundes bewirkt. Tatsächlich aber hatten diese Kinder gar keinen Hunger, sondern sie bedurften einer oralen Abfuhr. Deshalb bringt die aufgenommene Nahrung nur eine vorübergehende Beruhigung. Andererseits bewirkt die Hypertonie eine erhöhte Tätigkeit des Verdauungskanals, und die überflüssig zugeführte Nahrung verstärkt noch die Reizbarkeit des Verdauungssystems. So entsteht ein circulus vitiosus: das hypertonische Kind entlädt die Spannung, die es während des Stillens nicht abführen konnte, durch Schreien und Unruhe. Die Mutter übertreibt in ihrer Überbesorgnis das „self-demand"-Prinzip und führt sofort Nahrung zu. Eine gewisse Spannungsmenge wird während dieser Fütterungszeit abgeführt, das Kind wird für kurze Zeit ruhig. Das überflüssige Nahrungsquantum überlastet jedoch den Verdauungstrakt und bedingt so das Wiederauftreten des Unlustzu-standes, auf den der Säugling durch erneutes Schreien und mit Kolik rea-giert. Die Mutter vermag das Schreien nur im Rahmen des Nahrungsbedürf-nisses, des „self-demand", zu verstehen und wird den Säugling erneut füttern, so daß auf diese Weise der circulus vitiosus fortgesetzt wird.

Wie läßt es sich nun erklären, daß das Symptom verschwindet, sobald das Kind etwa drei Monate alt geworden ist?

Zunächst kann man annehmen, daß nach drei Monaten auch Mütter mit Schuldgefühlen oder ohne Erfahrung der ständigen Opfer und Mühen des „self-demand"-Systems überdrüssig geworden sind. Oder sie haben vielleicht auch ein wenig mehr Erfahrung in der richtigen Deutung des Säuglings-schreiens erlangt — und sie vermeiden daher eine zu buchstäbliche Aus-legung des „self-demand".

Aber weit wichtiger ist die Tatsache, daß das Kind im Laufe des dritten Monats seine ersten gerichteten und beabsichtigten Reaktionen entwickelt, seine ersten Willenskundgebungen seiner Umwelt gegenüber äußert. Um diese Zeit werden die ersten Sozialbeziehungen hergestellt, der erste Objekt-Vorläufer erscheint, die ersten Verschiebungen von Besetzungen auf Er-innerungsspuren finden statt und die geistige Tätigkeit beginnt gleichzeitig mit anderen körperlichen Betätigungen wie Experimentier-Bewegungen und der Anteilnahme des Kindes an dem, was sich in seiner Umgebung voll-zieht. Auch die ersten Fortbewegungs-Versuche finden statt.

Mit anderen Worten: im Lauf des dritten Monats erwirbt das Kind eine vielfältige Skala geistiger, affektiver und physischer Betätigungsformen. Sie stehen ihm nicht nur zur Verfügung, sondern dienen ihm auch zur Abfuhr von Spannungen. Damit ist die orale Zone nicht mehr die einzige, die der Spannungsabfuhr dient, wie das zu Beginn der Fall war. Wenn es nun dem Kinde gelingt, Triebspannungen auf andere Weise entladen zu können, so richtet es seine Forderungen immer weniger an die Mutter, und der circulus vitiosus, der ein Stillen gemäß dem „self-demand" zur Folge hatte und die Ursache der Koliken war, wird unterbrochen.

Die von Levine und Bell angewandte Therapie, der in unserem Jahrhun-dert verpönte Schnuller, ist ein so einfaches wie geniales Mittel, das den von uns beschriebenen circulus vitiosus durchbrechen kann. Sie fanden es, indem sie zur tiefen Weisheit unserer Großmütter zurückkehrten. Indessen kann ich die Autoren nicht für die soeben beschriebene Theorie des circulus vitiosus verantwortlich machen — ich weiß nicht, ob sie diese Theorie akzeptieren würden oder nicht. Aber ich denke, daß der Schnuller, den man dem an Dreimonatskolik leidenden Säugling gibt, ihn deshalb heilen kann, weil er dem an oralen Triebspannungen leidenden Kind ein Mittel zur Spannungsabfuhr bietet, ohne ihm im ungeeigneten Augenblick das schädliche Element überschüssiger Nahrung in den ohnehin überlasteten Verdauungstrakt einzuführen.

In diesem passiven Alter, in welchem der Säugling seine Spannungen nur oral und nicht aktiv zur Abfuhr bringen kann, kann man sicherlich auch andere als die oben genannte Methode anwenden, um ihn von seinem Unbehagen zu befreien. Ich vermute, daß ein anderes altmodisches Mittel, das wie der Schnuller in unserem Jahrhundert verworfen wurde, einem ähnlichen Zweck dient. Ich denke an die Wiege und das Wiegen des Kindes. Unsere Großmütter wußten sehr wohl, daß der Schnuller den Säugling beruhigt; wir haben ihn verbannt, weil wir von den Gefahren der Infektion hypnotisiert waren, denn ein Schnuller ist angeblich nicht hygienisch — als ob man einen Gummischnuller nicht auskochen könnte!

Unsere Großmütter wußten ebenfalls, daß ein Säugling sich durch Hin- und Herwiegen beruhigen läßt und friedlich einschläft. Dennoch haben wir auch die Wiege verbannt, ohne, soviel ich weiß, einen berechtigten Grund dafür zu haben. Aber ist es nicht einleuchtend, daß ein hypertonisches Kind viel von seiner Spannung entladen könnte, wenn man es während einer relativ langen Zeit hin- und herwiegt? Ich glaube, dies wird im dritten Monat deutlich, wenn das Kind sich eine Spannungsabfuhr selbst zu verschaffen beginnt, indem es schaukelnde Bewegungen mit seinem Körper ausführt. Es ist doch auffällig, daß die Dreimonatskolik gerade zu diesem Zeitpunkt aufhört. Ich bin auch davon überzeugt, daß die Primitiven ihren Kindern eine Spannungsabfuhr ermöglichen, wenn sie sie den ganzen Tag auf dem Rücken oder der Hüfte herumtragen. Diese Spanungsabfuhr ist einerseits durch die ständigen auf den Säugling übergehenden Bewegungen bedingt, andererseits aber — und das ist vielleicht noch wichtiger — durch die zahllosen Hautkontakte, durch die Körperkontakte, durch die Übertragung von Wärmereizen und so fort.

Wir dürfen uns berechtigterweise fragen, ob der Abstand, den wir zwischen uns und unseren Kindern mittels der Kleidung, Kinderwagen, Möbel usw. einhalten, sie nicht der Hautkontakte, der Reizungen von Muskulatur und Tiefensensibilität und des Gewiegtwerdens beraubt, die die „weniger fortgeschrittenen" Völker ihren Kindern angedeihen lassen. Diese Entwicklung ist in der westlichen Zivilisation verhältnismäßig jung, sie begann erst vor weniger als hundert Jahren. Man mag sich fragen, ob wir unseren Kindern durch den Entzug dieses Reizes — ein Reiz, den die Natur allen Säugetieren gesichert hat — nicht ein schweres Unrecht zufügen? Wir müssen uns ferner fragen, ob dieser „Fortschritt" unserer Kultur nicht sehr ernste Folgen haben wird, die sich erst allmählich zeigen, weil es in unserer so vielschichtigen Gesellschaft eine gewisse nicht unbeträchtliche Zeit dauert, bis sich neue Gewohnheiten allgemein durchgesetzt haben.

Ein Wort noch zur Frage der „self-demand"-Methode (Stillen auf Verlangen): Es könnte den Anschein haben, als verurteile ich diese Methode der Ernährung ganz und gar. Davon ist keine Rede. Tatsächlich meine ich, daß sie nur bei den hypertonischen Säuglingen Schaden stiften kann. Diese sind jedoch in der Minderheit. Für die überwiegende Mehrzahl der Säuglinge ist die Methode ausgezeichnet. Ferner möge man bedenken, daß die „self-demand"-Methode nicht die einzige Form ist, in welcher die Mutter ihre Überbesorgnis oder ihre verdrängten feindseligen Regungen dem Kinde gegenüber zum Ausdruck bringen kann, sei nun das Kind hypertonisch oder nicht.

Aus diesem Grunde werden wir die Dreimonatskolik auch bei Kindern finden, die nicht nach der „self-demand"-Methode ernährt werden. Und wir dürfen andererseits auch nicht annehmen, daß die hier vorgetragene Hypothese sich auf sämtliche Fälle von Dreimonatskolik anwenden läßt — es muß auch noch andere Bedingungen geben als das Zusammentreffen der Hypertonie des Säuglings mit der Überbesorgnis der Mutter.

Die Gleichzeitigkeit der beiden Faktoren und ihre Funktion in der Ätiologie der Dreimonatskolik ergibt sich eindeutig aus unseren Darlegungen. Diese Störung ist für das Stadium, in dem sich der Säugling zu dieser Zeit befindet, charakteristisch: es ist ein Stadium, in dem die Differenzierung zwischen Psyche und Soma noch unvollständig ist und die Dynamik in der Psyche der Mutter viel eindeutiger ist als beim Kind. Denn es scheint, als hätten wir beim Säugling im wesentlichen ein somatisches Entgegenkommen; während wir bei der Mutter im wesentlichen eine seelische Einstellung haben, bei der das mütterliche Verhalten hauptsächlich durch Schuldgefühle bedingt ist. Ich glaube nichtsdestoweniger, daß auch das somatische Entgegenkommen des Kindes teilweise psychisch bedingt sein muß, denn es handelt sich um Zustände triebhafter Spannung. In diesem Alter sind die Spannungszustände die Vorläufer und in gewissem Sinne die Äquivalente der Affekte, die sich erst entwickeln werden, nachdem sich ein Ich-Kern etabliert hat. Wir sind also dem Physiologischen näher als dem Psychischen. Aber aus diesen psycho-physiologischen Zuständen und den sich aus ihnen entfaltenden Reaktionen entwickeln oder separieren sich später die rein psychischen Strukturen und Funktionen. Aus diesem Grunde haben wir uns auch so ausführlich mit dieser allerersten Störung in den Mutter-Kind-Beziehungen auseinandergesetzt. Denn diese Störung stellt eine der archaischsten Formen und einen Vorläufer der späteren Störungen der Objektbeziehungen dar. Es ist lehrreich zu beobachten, wie viel stärker das Somatische in dieser Epoche in den Störungen der Mutter-Kind-Beziehungen überwiegt als später, wenn die Ich-Bildung erfolgt ist. Dann wird das Psychische und die Störungen des Verhaltens die Szene beherrschen. Auch die Funktionsgesetze auf der Stufe vor und der Stufe nach der Ich-Bildung sind voneinander verschieden. Die eben beschriebene Störung findet in der ersten Übergangsperiode statt, dem Übergang vom rein Somatischen in das erste Dämmern eines Psychischen. In der zweiten Übergangsperiode, um den achten Monat, erfolgt eine Abgrenzung zwischen dem Somatischen und dem Psychischen. Im ersten Stadium haben wir es daher mit einem unentwirrbaren Gemisch der beiden Funktionen zu tun, in welchem beinahe ein Ineinandergreifen physischer und psychischer Verursachungen stattfindet. Es fragt sich, ob nicht bei Störungen, die viel später, noch bis ins Erwachsenenalter hinein, auftreten, Partial-Regressionen bis zu dieser Stufe stattfinden. Sie wären vielleicht möglich, wenn es in diesem archaischen Stadium zu Fixierungen gekommen wäre. Derartige Fixierungen ermöglichen oder erleichtern die sogenannte Somatisierung, die Mitwirkung der Körperorgane im Gefüge der Neurosen oder Psychosen.

4. Feindseligkeit in Form ängstlicher Besorgnis

Die mütterliche Haltung in diesen Fällen besteht aus einer Ängstlichkeit, die sich hauptsächlich, aber keineswegs ausschließlich, auf alles erstreckt, was mit ihrem Kinde in Beziehung steht. Man merkt bald, daß dieser manifesten Ängstlichkeit besonders weitgehend verdrängte Feindseligkeitsregungen der Mutter entsprechen.

In einer Anstalt beobachteten wir 202 Kinder von Geburt an, bis sie die Anstalt im Laufe ihres zweiten Jahres verließen. Nach einer Weile fiel uns die Häufigkeit atopischer Dermatitiden auf. Im üblichen Heimmilieu und bei Kindern, die in der Familie aufwachsen, leiden etwa 2 bis 3 % an dieser Dermatitis. Unter den 202 von uns untersuchten Anstaltskindern gab es jedoch 15 %, die in der zweiten Hälfte des ersten Lebensjahres diese Dermatitis entwickelten. Um das Ende des ersten Lebensjahres, also etwa zwischen dem 12. und 15. Monat, hatte das Leiden die Tendenz, spontan zu verschwinden.

Der behandelnde Arzt hatte die verschiedenartigsten Heilmittel versucht: Nahrungswechsel, Vitamine, Salbenbehandlung usw. Man fahndete sorgfältig nach allergischen Faktoren an den Toilettengegenständen der Kinder, in den Waschmitteln usw. Man konnte nichts Positives finden, und die Dermatitis dauerte an. Schließlich fand man sich resigniert mit ihr ab, da die Kinder auf jeden Fall nach Ende des ersten Lebensjahres geheilt wurden.

Angesichts dieses Befundes entschlossen wir uns zu einer gründlichen Untersuchung. Die Häufigkeit der Dermatitiden war eine Feststellung, die wir im Rahmen eines weit allgemeineren Forschungsprojektes machten. Wir hatten in dieser Anstalt alle Kinder von Geburt an beobachtet und, ohne ein bestimmtes Ziel im Auge zu haben, die verschiedenartigsten Daten ihrer Entwicklung gesammelt, einschließlich Angaben über die Mütter.

Wir beschlossen nunmehr, diese gesammelten Daten über die 28 Kinder, die an Dermatitis litten, sowie über ihre Mütter genauer ins Auge zu fassen. Als Kontrollgruppe benutzten wir die restlichen 164 Kinder in der Anstalt, die keine Dermatitis entwickelt hatten, und deren Mütter. Wir verglichen ihre Daten mit denen der Dermatitis-Gruppe. Zehn Kinder wurden von dieser Untersuchung ausgeschlossen; entweder war bei ihnen die Diagnose unsicher oder sie verließen das Heim, bevor die Untersuchungen abgeschlossen waren. Da der große Prozentsatz der in diesem Heim an atopischer Dermatitis erkrankten Kinder nicht auf physische Faktoren zurückgeführt werden konnte, sagten wir uns, daß ein psychischer Faktor zugrunde liegen müsse, der in der Struktur der Objektbeziehungen dieser Kinder zu suchen sei.

Zu unserer Vermutung hatten wir gute Gründe, denn bei dieser Anstalt handelte es sich um eine Strafanstalt, in der straffällige Mädchen, die schwanger waren, untergebracht wurden. Diese Mädchen gebaren ihre Kinder in der Anstalt und zogen sie während des ersten Lebensjahres dort selbst auf. Die Gruppe der Mütter dieser Anstalt stellte infolgedessen keine beliebige Auslese dar, die der Durchschnittsbevölkerung der betreffenden Stadt entsprochen hätte. Es handelte sich um schwangere Mädchen zwischen 14 und 23 Jahren, die mit dem Gesetz oder zumindest mit den in ihrem Kulturmilieu anerkannten Sitten in Konflikt geraten waren. Somit war dies eine scharf umschriebene, nach besonderen Auswahlprinzipien — nämlich der staatlichen Gesetzgebung — zusammengestellte Gruppe.

Das Tatsachenmaterial und die quantifizierbaren Daten, die wir über die Kinder dieser Mütter von Geburt an sammelten und verarbeiteten, war das folgende:

Bei der Geburt: Gewicht, Körperlänge und Kopfumfang, Ernährung (Flasche oder Brust), Alter der Mutter und später die Zeit des Abstillens.

Folgende Reflexe wurden von Geburt an laufend kontrolliert: Moro'scher Reflex, Saugreflex, Greifreflex, Fingerstreckreflex und Cremasterreflex.

Wir verglichen die autoerotischen Aktivitäten dieser Kinder in bezug auf die spezifisch autoerotischen Phänomene wie das Schaukeln, ferner genitale und anale Spiele. Wir vermerkten den Prozentsatz des Vorkommens dieser Phänomene, Beginn, Häufigkeit und Dauer.

Wir notierten den Zeitpunkt der ersten Reaktion des Lächelns, den Prozentsatz des Vorkommens, und das erste Auftreten der Achtmonatsangst. Wir verglichen die Entwicklungsquotienten mit 3, 6, 9 und 12 Monaten.

Wir stellten fest, ob eine Trennung von der Mutter stattgefunden hatte, in welchem Alter und für welche Dauer. Wir untersuchten schließlich, ob das Kind als Reaktion auf die Trennung von der Mutter eine Depression entwickelt hatte, ob sie schwer oder leicht war, oder ob sie ausblieb.

Die statistische Auswertung des Materials ergab im Endresultat 87 graphische Darstellungen und Tabellen. Wir haben die Unterschiede herauszuarbeiten versucht, die zwischen den Kindern bestanden, die im gleichen Milieu die Dermatitis bekamen und denjenigen, die von ihr verschont blieben. Der Unterschied zwischen den 28 von der Störung befallenen und den 164 von ihr frei gebliebenen Kindern ließ sich auf zwei Faktoren zurückführen:

1. Eine angeborene Disposition;
2. ein aus der Umwelt stammender psychischer Faktor, der durch die Mutter-Kind-Beziehung repräsentiert wird, denn alle anderen Umweltfaktoren standen unter Kontrolle und waren für alle Kinder identisch.

Ich beginne mit der angeborenen Disposition. Die große Mehrheit der bei der Kontrollgruppe erhaltenen Daten (164 Kinder) ergab dieselben Mittelwerte, wie wir sie auch bei den Kindern mit Dermatitis fanden (28 Kinder). Wir können sie deshalb unberücksichtigt lassen.

Aber in einer Hinsicht fanden wir einen deutlichen und auffallenden Unterschied. Er betraf die Hautreflexe, die bei der Geburt geprüft worden waren. Der Unterschied erwies sich als statistisch wesentlich. Kinder, die mit sechs Monaten oder mehr eine Dermatitis entwickelten, zeigten eine viel höhere Reizempfindlichkeit der Haut als diejenigen, die von dem Leiden frei blieben. Ich möchte mit einem von Michael Balint (1948) stammenden Begriff sagen, daß die Kinder, die bestimmt waren, im zweiten Lebenshalbjahr eine atopische Dermatitis zu entwickeln, eine „erhöhte Reflexerregbarkeit" haben.

Wenn dies eine größere Verwundbarkeit der Haut selbst bedeutete, so müßte man erwarten, daß die Dermatitis sich schon in den ersten Lebenswochen oder später ein bis zwei Monate nach der Geburt eingestellt hätte. Aber es scheint sich nicht um eine Frage der Verwundbarkeit, sondern um eine Frage erhöhter Reaktionsbereitschaft zu handeln, oder, analytisch ausgedrückt, um eine erhöhte Besetzung der Hautrezeptoren.

Ich komme nun zum Umweltfaktor, d. h. zur Beziehung zwischen Mutter und Kind. Die Tatsache, daß ein statistisch wesentlicher Unterschied zwischen beiden Gruppen in bezug auf die Achtmonatsangst bestand, galt uns als Beweis, daß diese Beziehung zwischen Mutter und Kind eine besondere Bedeutung haben müsse. Während die Kinder mit atopischer Dermatitis die Achtmonatsangst nur in 15 % der Fälle entwickelten, bestand sie bei den Kindern ohne Dermatitis in 85 % der Fälle.

Für den Psychoanalytiker, der gewohnt ist, die Angst als pathologisches Symptom aufzufassen, erscheint dies zunächst widersinnig. Es könnte der Eindruck entstehen, als hätten die Kinder mit Dermatitis weniger pathologische Symptome als die ohne Dermatitis. Aber gerade in dieser Frage der Achtmonatsangst haben wir ein eindruckvolles Beispiel für die zahlreichen tiefgreifenden Unterschiede zwischen dem Säugling und dem Erwachsenen. Wie wir früher gesagt haben, ist die Achtmonatsangst kein pathologisches Symptom, im Gegenteil, sie ist ein Zeichen des Fortschritts in der Entwicklung der Persönlichkeit, ein Zeichen dafür, daß das Kind zwischen Freund und Fremden zu unterscheiden gelernt hat.

Deshalb ist es nicht das Vorhandensein dieser Angstreaktion des acht Monate alten Säuglings, sondern ihr *Fehlen*, das pathologisch ist. Dies Fehlen besagt, daß das Kind in seiner Affektentwicklung zurückgeblieben ist. Augenscheinlich ist diese Verzögerung die Folge einer Fehlbildung der Objektbeziehungen, und wir werden ihre Ursachen in den Beziehungen zwischen Mutter und Kind zu suchen haben.

Eine nähere Untersuchung der Persönlichkeit der Mütter dieser an Dermatitis leidenden Kinder ergab aufschlußreiche Hinweise. Wie nicht anders zu erwarten, haben straffällige Mädchen, die in einer Anstalt untergebracht sind, keine normale Persönlichkeit. Der Grund ihrer Inhaftierung ging von Sexualdelikten über Diebstahl bis zum Mord. Die große Mehrheit war auf Grund von Sexualdelikten inhaftiert. Sexualdelikte sind ja keine schweren Verbrechen; aber diese Mädchen hatten sich dabei erwischen lassen, noch dazu in einem kleinstädtischen sozialen Milieu, welches solche Vergehen in puritanisch bigotter Weise verurteilte. Wir können also sagen, daß sie innerhalb des sozialen Milieus, dem sie angehörten, eine von der Norm abweichende Minorität repräsentierten. Wer die Persönlichkeit und den Intelligenzquotienten wegen Sexualdelikten internierter Mädchen kennt, weiß, daß die Mehrzahl von ihnen, wenn nicht schwachsinnig, so doch zumindest debil oder geistig minderwertig ist. Die Integrierung des Über-Ichs ist bei den meisten von ihnen unvollständig geblieben, und viele sind sogar zu einer halbwegs entsprechenden Integrierung des Ichs unfähig. Man darf also erwarten, in einer derartigen Gruppe viele infantile Per-

101

sönlichkeiten zu finden. Das war auch in der von uns untersuchten Anstalt der Fall. Aber es war auffallend, daß unter den 202 Müttern die große Mehrheit manifest infantiler Persönlichkeiten in der Gruppe konzentriert war, deren Kinder an atopischer Dermatitis litten.

Außerdem wiesen diese Mütter gewisse bemerkenswerte Besonderheiten auf: sie berührten ihre Kinder nicht gern; es glückte ihnen immer, die eine oder andere Haftgenossin dazu zu bewegen, die Kinder zu wickeln, zu baden und ihnen die Flasche zu geben. Dabei redeten sie voller Mitgefühl über die Zartheit und Verletzlichkeit der Kleinen; eine von ihnen wiederholte immer wieder typischerweise: „Die geringste falsche Bewegung könnte ihm einen nicht wieder gutzumachenden Schaden zufügen." Diese Haltung drückt eine unbewußte Feindseligkeit aus. Das wird durch die zahlreichen Beispiele bewiesen, in denen dieselben Mütter ihre Kinder ernsten Gefahren aussetzten; echten Gefahren, in denen die Kinder nur eben knapp davonkamen. Um einige Fälle zu zitieren: Eine dieser 28 Mütter verfütterte ihrem Kinde mit dem Brei eine offene Sicherheitsnadel. Eine andere ließ ihr Kind mehrmals „aus Versehen" oder aus „Ungeschicklichkeit" auf den Kopf fallen. Eine dritte schnürte das Lätzchen so eng um den Hals des Kindes, daß es bei meinem Dazukommen bereits zyanotisch war; und so fort.

In der Gruppe der Kinder, die sich während der zweiten Hälfte des ersten Lebensjahres eine atopische Dermatitis zuziehen, haben wir also auf der einen Seite eine Mutter mit infantiler Persönlichkeit, mit einer in Form ängstlicher Besorgnis auftretenden Feindseligkeit gegenüber ihrem Kind. Sie kommt nicht gern in nahen Kontakt mit ihm und vermeidet es, das Kind zu betreuen. So entzieht sie ihm systematisch alle Möglichkeiten zu Hautkontakten. Auf der anderen Seite haben wir ein Kind, das mit einer erhöhten Besetzung für Hautreaktionen ausgestattet ist — also genau das, was die Mutter ihm vorenthalten will. Mit Hilfe unserer Tests und der erhaltenen Entwicklungsprofile dieser Kinder stellten wir fest, daß ihre Persönlichkeit noch eine Besonderheit aufwies: Sie unterscheiden sich von den Kindern ohne Dermatitis durch eine charakteristische Verzögerung auf dem Gebiete der *Lernfähigkeit* und in ihrer Fähigkeit zur Aufnahme *sozialer Beziehungen*.

Das Gebiet des Lernens umfaßt innerhalb der kindlichen Persönlichkeit, wie schon erwähnt, die Fähigkeit der *Nachahmung* und die Fähigkeit der *Erinnerung*. Unter den von uns beschriebenen Umständen ist die Verzögerung im Auftreten der Nachahmung verständlich, denn die ängstlichen Mütter, die ihre Kinder während der ersten sechs Monate, d. h. während der primär narzißtischen Periode nicht berühren, erschweren die primären Identifizierungen. In dieser archaischen Periode sind die taktilen Erfahrungen des Säuglings für den Prozeß der Identifizierung am wichtigsten. Mit Hilfe dieser primären Identifizierungen und mit ihrer Überwindung durch die Entwicklung der Motorik lernt das Kind in der zweiten Hälfte des ersten Lebensjahres seine eigene Person von der der Mutter abzugrenzen und die *sekundären* Identifizierungen zu bilden, durch die es von ihr unabhängig wird.

Wenn der Säugling in die zweite Hälfte des ersten Lebensjahres eingetreten ist, bietet die „ängstliche" Mutter mit ihrer verdrängten Feindseligkeit ihm nicht genügend Gelegenheit zu körperlicher Betätigung, zu Geschicklichkeitsübungen und zur Realisierung jenes Tatendranges, durch den die sekundären Identifizierungen sich bilden können. Die beiden Triebe, Libido und Aggression, entladen ihre Spannungen normalerweise im Laufe des Aufeinanderwirkens von Mutter und Kind, wodurch sie in sekundäre Identifizierungen umgewandelt werden. Bei den an Dermatitis leidenden Kindern dagegen gibt die Mutter keine Gelegenheit zu dieser Abfuhr — und es scheint, als fände sie deshalb in Form von Hautreaktionen statt, in Form der atopischen Dermatitis.

Bis jetzt erlauben uns die verfügbaren Tatsachen das Vorhandensein von zwei ätiologisch zusammenwirkenden Faktoren zu vermuten, die die Dermatitis verursachen: es ist der kongenitale Faktor der erhöhten Hautreflexerregbarkeit des Kindes einerseits und der durch die infantile Persönlichkeit der Mutter gegebene Umweltfaktor andererseits. Diese Erklärung ist indessen in bezug auf die Dynamik und die ökonomische Seite des Phänomens nicht völlig zufriedenstellend. Ein von den Reflexologen berichtetes Experiment aus der „learning theory" bietet uns einen weiteren Fingerzeig für das bessere Verständnis der Dermatitis-Kinder. Ein Mitarbeiter Pawlows stellte bei einem Hunde einen bedingten Reflex her, indem er innerhalb eines umschriebenen Gebietes auf dessen Hinterbein zwei Stellen abwechselnd elektrisch reizte. Im weiteren Verlauf des Experiments wurden die beiden Elektroden einander immer mehr genähert, wodurch der Hund eine immer schwieriger werdende Differenzierung vollbringen mußte. Als die Elektroden so nahe waren, daß der Hund sie nicht voneinander unterscheiden konnte, entwickelte er am Ort der Reizung ein Ekzem.

Mit anderen Worten: Der Hund reagierte mit einer Dermatitis, als die Signale aufhörten, eindeutig zu sein. Nach Unterbrechung des Experiments verschwand das Ekzem wieder. Diese Reaktion war von der der Durchschnittshunde unterschieden. Die Untersucher fanden im Verlauf der Experimente noch andere Hunde, die auf diese atypische Art reagierten. Die Durchschnittshunde dagegen, derer sich Pawlow und Mitarbeiter bei ihren Experimenten bedienten, reagierten auf doppelsinnig werdende Reize mit einer psychologischen Reaktion, nämlich mit der „experimentellen Neurose". Der Untersucher forschte nach den Unterschieden, die zwischen den Tieren mit experimenteller Neurose und denen mit Ekzem bestanden. Er stellte bei letzteren fest, daß sie ein „labiles Temperament" hatten.

Ich glaube, daß es zulässig ist, eine Parallele zwischen der Labilität der Pawlowschen Hunde und der Reflexübererregbarkeit der Kinder mit Dermatitis zu ziehen. Beide, sowohl Kind wie Hund, werden während mehrerer Monate einem Lernvorgang unterzogen. Aber der Hund besitzt zu diesem Zeitpunkt schon eine entwickelte psychische Organisation, die ihn befähigt, Signale wahrzunehmen und sie in bedingte Reflexe umzusetzen. Das Kind ist erst im Begriff, mit Hilfe dieser Signale ein Ich zu bilden, sie erlauben ihm, auf eine fortgeschrittenere Weise zu reagieren als der Hund; dieses Ich befähigt das Kind, die Signale mit antizipierenden Reaktionen, wie ich es genannt habe, zu beantworten.

Während des ersten Lebensjahres werden diese Signale von der Mutter angeboten. Während des ersten Vierteljahres antwortet das Kind auf sie durch die Bildung einer Reihe von bedingten Reflexen. Nach dem dritten Monat erscheint ein spezifischer Lernvorgang, den ich den *menschlichen Lernvorgang* genannt habe, der sich parallel mit der Organisation des Ichs beim Kinde entwickelt. Dieser Lernvorgang ist einerseits an die Reifung der Wahrnehmungsfunktionen beim Kinde gebunden, andererseits wird er durch die Signale der Mutter bedingt, die sie in jeder Situation der Lust, Unlust oder der Notwendigkeit einer Unterscheidung anbietet. Die aus der affektiven Einstellung der Mutter stammenden Signale, die für den erwachsenen Beobachter nicht wahrnehmbar zu sein brauchen, lösen die Reaktionen des Kindes aus, d. h., sie dienen dazu, seine antizipierende affektive Erwartungsreaktion in Funktion treten zu lassen.

Diese Reaktion auf die affektiven Signale der Mutter ist nicht auf das erste Lebensjahr beschränkt. Anna Freud und Dorothy Burlingham (1942) haben in ihren Beobachtungen in überzeugender Weise dargestellt, daß die Londoner Kinder während des „Blitzkrieges" bis zum Alter von drei Jahren nur dann von Angst befallen wurden, wenn ihre Mütter selbst Angst empfanden. Leidet eine Mutter an einer von Ich und Über-Ich unkontrollierten Angst — und gerade dieses war bei den Müttern der Dermatitis-Kinder der Fall —, so erfolgt eine Störung ihrer Signalfunktion. Die dem Kinde angebotenen Signale werden unzuverlässig.

So können in einem gegebenen Augenblick die affektiven Signale, die die Mutter ihrem Kinde vermittelt, der Situation entsprechen; im nächsten Augenblick wird sie vielleicht jedes Signal aus Angst unterdrücken; manchmal veranlaßt ihre Angst sie, zu überkompensieren und entweder falsche

Signale zu geben oder die richtigen zu übertreiben. Kurzum, die von ihr ausgehenden Signale sind nicht konsequent, sie entsprechen weder ihrer inneren Einstellung noch ihren tatsächlichen Handlungen gegenüber ihrem Kind. Was sie tut, hängt weniger von ihren bewußten Beziehungen zum Kind ab, als von den Veränderungen, die ihr Unbewußtes ihrer Gemütslage aufzwingt. Ihr Schuldgefühl und ihre Angst erlauben ihr nicht, sich mit ihrem Kind zu identifizieren. Und vor allem vermeidet sie die elementarste Form der Identifizierung, die des unmittelbar affektiven Kontaktes, des physischen Kontaktes.

Betrachtet man die Situation vom Standpunkt des Kindes, so erschweren die inkonsequenten und doppeldeutigen Signale die Bildung der normalen Sozialbeziehungen, der sozialen Anpassung, kurz der Objektbeziehungen. Die Bildung der Objektbeziehungen liegt allen affektgebundenen höheren Lernvorgängen zugrunde, d. h. aller Identifizierung. Wir haben erwähnt, daß bei dem an Dermatitis leidenden Kind eine Schädigung im sozialen Sektor und im Sektor des Lernens, d. h. Gedächtnisses und der Nachahmung vorliegt.

Mit anderen Worten: bei diesen Kindern ist sowohl der Vorgang der primären als auch der sekundären Identifizierung geschädigt worden, was als eine Folge der Schädigung bei der Bildung der ersten Objektbeziehungen zu betrachten ist. Es handelt sich um eine selektive (durch Auswahl erfolgte) Schädigung: Auf dem Gebiet der Beziehung zu Personen ist sie besonders ausgeprägt, im Bereich der Beziehung zu unbelebten Gegenständen ist sie geringfügiger. Die Schädigung der libidinösen Beziehungen kommt besonders im Ausbleiben der normalen Achtmonatsangst zum Ausdruck. Diese Kinder, die keine normalen Objektbeziehungen herstellen konnten, können die Mutter gefühlsmäßig nicht von einer fremden Person unterscheiden und haben infolgedessen auch vor dem Fremden keine Angst.

Die doppelsinnigen Signale, denen sie von Geburt an beständig ausgesetzt waren, scheinen sich „somatisiert" [11] zu haben. Da bei diesen Kindern eine kongenitale Disposition zu Hautsymptomen besteht, tritt bei ihnen leicht eine Somatisierung ein.

Wir wissen natürlich nicht, was dieses Hautsymptom der kindlichen Psyche bedeutet. Es scheint, als besetzten diese Kinder die Haut (d. h. ihre psychischen Repräsentanten) mit vermehrten Libidoquantitäten. Man kann sich daher fragen, ob diese Hautreaktion einen Anpassungsvorgang darstellt, oder sogar eine Abwehr. Es könnte eine an die Mutter gerichtete unbewußte

---

11 „Somatisierung" vom griechischen σῶμα. der Körper) bedeutet die Umsetzung psychischer Erlebnisse in körperliche Symptome; sie stehen der Funktion des betreffenden Organs näher als Symptome der Konversionshysterie, die mehr symbolisch sind.

Aufforderung sein, ihr Kind häufiger zu berühren. Es könnte ebensogut eine Form des narzißtischen Zurückweichens beim Kinde sein, das sich auf somatischem Gebiet die Reize selbst verschaffen will, die ihm die Mutter verweigert. Wir wissen es nicht.

Es ist jedoch interessant, daß die atopische Dermatitis, ebenso wie die Dreimonatskolik, auf eine bestimmte Lebenszeit beschränkt bleibt — sie heilt spontan nach dem Ende des ersten Lebensjahres. Von neuem können wir uns fragen: warum diese zeitliche Begrenzung? Ich glaube, daß sie, genau wie die Dreimonatskolik, vom Fortschritt der Reifung determiniert wird. Denn nach dem ersten Lebensjahr erwirbt das Kind die Fähigkeit zur Fortbewegung, durch die es von den von der Mutter ausgehenden Signalen und Reizen unabhängig wird. Es gewinnt jetzt die Fähigkeit, die normalen Objektbeziehungen, die es entbehren mußte, durch Reize zu ersetzen, die es sich selbst verschaffen kann. Es kann auf die Kontakte mit der Mutter verzichten und sie durch Kontakte mit Dingen oder anderen Personen, die ihm erreichbar geworden sind, ersetzen, denn es hat sich aus der Passivität zur gerichteten Aktivität hin entwickelt. Natürlich wird dies Zwischenspiel während des ersten Jahres auch später für die Psyche des Kindes nicht ohne Folgen bleiben. Indessen verfügen wir bis heute noch nicht über genügend langjährige Beobachtungen, um die späteren Konsequenzen einer solchen Fehlbildung der Objektbeziehungen voraussehen zu können, wenn schon uns die Allergieforscher sagen, daß die späteren Asthmatiker auffallend häufig in der Latenz an Heufieber und in der frühesten Kindheit an Ekzem litten.

Die von uns beschriebenen Beobachtungen sind vor etwa fünf bis sechs Jahren durchgeführt worden. Es ist von Interesse, daß sie neuerdings ganz unabhängig durch die Untersuchungen eines Kinderarztes bestätigt wurden. M. Rosenthal hat in der Zeitschrift *Pediatrics* (1952) seine Beobachtungen an 26 Kindern publiziert, die während des ersten Lebensjahres an einer atopischen Dermatitis litten. In seiner Arbeit hebt er zwei Faktoren besonders hervor: erstens den psychologischen Faktor, der nach seiner Meinung darin besteht, daß die Mutter eine grundsätzliche Ablehnung gegen physische Kontakte mit ihrem Kind hat. Ohne unsere Arbeiten über diesen Gegenstand zu kennen und andererseits auch ohne eine tiefenpsychologische Untersuchung, wie wir sie hier vorgelegt haben, anzustreben, meint auch er, daß bei diesen Kindern zweitens eine kongenitale Prädisposition besteht (1953).

5. Pendeln der Mutter zwischen Verwöhnung und aggressiver Feindseligkeit

Wir haben beobachtet, daß eine mütterliche Haltung, die rasch zwischen Verwöhnung und manifester Feindseligkeit pendelt, zu einer Motilitätsstörung des Kindes zu führen scheint. Störungen des motorischen Systems sind im ersten Lebensjahr recht häufig. Deskriptiv betrachtet kann man sie in zwei Hauptgruppen einteilen, die Hypermotilität und die Hypomotilität. In beiden Gruppen kann man ferner eine quantitative Vermehrung wie Verminderung der Motorik feststellen und außerdem einerseits normales, andrerseits pathologisches Verhalten unterscheiden.

Eine besonders häufige Form der Hypermotilität, die vor allem im Heimmilieu vorkommt, ist das allgemein bekannte Schaukeln der Säuglinge. An sich braucht dies Verhalten nicht pathologisch zu sein, denn bei fast jedem Kind tritt es gelegentlich mehr oder minder stark, aber vorübergehend auf. Indessen unterscheidet sich das von uns beobachtete Schaukeln durch die Tatsache, daß es zur hauptsächlichen, wenn nicht ausschließlichen Betätigung der betreffenden Kinder wird; bei diesen Kindern werden fast alle normalen Aktivitäten durch das Schaukeln ersetzt. Es unterscheidet sich ferner durch seine unablässige Wiederholung und seine auffallende Heftigkeit, die in keinem Verhältnis zu den physischen Kräften des Kindes zu stehen scheint. Auch scheint es als Verhalten viel aktiver, als man es bei einem normalen Kind gleichen Alters für gewöhnlich sieht. Das Schaukeln findet meist auf allen Vieren statt, bei Kindern unter sechs Monaten auch in Rückenlage, und wenn das Kind älter als zehn Monate ist, sieht man es nicht selten im Stehen schaukeln. Wir haben diese Störung bei einer Gruppe von 170 Kindern untersucht und unsere Beobachtungen in einer Arbeit unter dem Titel *Autoerotism* (1949) veröffentlicht. In bezug auf Einzelheiten verweisen wir den Leser auf diese Studie. Was das klinische Bild betrifft, konnten wir feststellen, daß diese Kinder außer ihrer Hypermotilität im *sozialen* Sektor und im Sektor der Material-Handhabung zurückgeblieben waren. Eine Verzögerung im Material-Sektor bedeutet, daß das Kind in der Handhabung von Gegenständen, von Spielzeug, kurz von Dingen, zurückgeblieben ist. Die Verzögerung der Sozialbeziehungen bedeutet, daß es dem Kind nicht gelungen ist, libidinöse Beziehungen herzustellen. Mit anderen Worten: bei den Kindern, die eine Schaukelhypermotilität aufweisen, sind die Beziehungen zu allem, zu Personen wie Dingen, gestört worden. Diese Kinder waren nicht fähig, stabile Objektbeziehungen zu bilden.

Nach allem, was wir über die Objektbeziehungen gesagt haben, ist es selbstverständlich, daß eine Mutter, die von einem Augenblick zum anderen von

Zärtlichkeit zur Wut, vom Kuß zur Ohrfeige übergeht, nicht gut zur Bildung stabiler Objektbeziehungen geeignet ist. Die betreffenden Mütter waren psychopathische Persönlichkeiten; das schnelle, heftige Auf und Ab der Affekte der Psychopathen ist wohlbekannt. Die Kinder, denen man nicht die Möglichkeit gegeben hatte, ein libidinöses Objekt zu bilden, hatten im Schaukeln eine objektfreie Aktivität gefunden. Richtiger gesagt, sie hatten sich einen Objektersatz geschaffen, und zwar in Gestalt des Objektes des primären Narzißmus, nämlich ihres eigenen Körpers.

6. Zyklische Stimmungsverschiebungen

Die Einstellung einer weiteren Gruppe von Müttern ihren Kindern gegenüber bleibt während einer Reihe von Monaten konstant. Plötzlich schlagt sie ins Gegenteil um, um dann für längere Zeit wiederum konstant zu bleiben. Wir haben eine Gruppe von 153 Kindern mit ihren Müttern beobachtet. Sechzehn dieser Kinder spielten während der zweiten Hälfte des ersten Lebensjahres in ganz charakteristischer Weise mit ihren Fäkalien; die meisten von ihnen waren überdies koprophag. Bemerkenswerterweise litt die Anzahl der Mütter der sechzehn Kinder, die mit ihren Fäkalien spielten, an einer oder der anderen Form von Psychose. Dagegen gab es unter den übrigen 137 Müttern, deren Kinder nicht mit Fäkalien spielten, sehr wenige Psychotikerinnen.
Elf der Koprophagen-Mütter litten unter Depression; für diese Störung sind Stimmungsschwankungen charakteristisch. Von den fünf nichtdepressiven Müttern dieser Gruppe waren zwei paranoisch, eine hatte einen Mord begangen. Es ist wahrscheinlich, daß auch diese Mütter Stimmungsschwankungen unterworfen waren. Diese Zahlen stehen im absoluten Kontrast zu den Müttern der übrigen Kinder dieser Gruppe, die während des ersten Lebensjahres nicht mit ihren Faeces spielten. Unter den 153 Müttern dieser Gruppe, die uns als Kontrolle diente, gab es nur fünf Fälle von Depression.
Welche Beziehung besteht nun zwischen der Depression der Mutter mit ihren Stimmungsschwankungen und den Fäkalspielen ihrer Kinder? Und wie unterscheiden sich die Stimmungsumschläge der depressiven Mütter von den raschen Schwankungen zwischen Feindseligkeit und Verwöhnung bei den Müttern der Kinder, die schaukeln? Ich glaube, daß der eigentliche Unterschied in der Wellenlänge, wie ich es ausgedrückt habe, besteht. Bei den Müttern der „Schaukelkinder" ist die Welle kurz, plötzlich, rasch, ständig wiederholt; im Verlauf von Minuten wechselt das Auf und Ab, und das zahllose Male innerhalb eines Tages. Im Gegensatz dazu haben die depressiven

Mütter Schwankungen mit langen Wellenlängen, die Wochen und Monate lang anhalten.

Bei den Schaukelkindern bewirken die raschen Stimmungsschwankungen der Mütter ein Klima ständiger Unsicherheit. Bei den depressiven Müttern handelt es sich um ein gleichbleibendes Klima steter Besorgnis um das Kind, das sich nach Ablauf von Wochen bis Monaten in eine Haltung völliger Ablehnung von gleicher Zeitdauer verwandeln kann. Es ist übrigens interessant, daß die Mütter derjenigen Kinder, die neun Monate später mit ihren Exkrementen spielten, bei der Geburt sich um ihr Kind besorgt gezeigt haben. Man hat daher den Eindruck, daß die anfängliche liebevolle Fürsorge, die viele Monate später von einer ablehnenden Haltung abgelöst wurde, an der Ätiologie dieser Störung beteiligt ist. Und es ist vielleicht diese besondere Reihenfolge, die die Entstehung der Störung determiniert.

Wir haben die Hypothese vertreten, daß die koprophagen Kinder sich mit den unbewußten Tendenzen ihrer Mütter identifizieren. Die unbewußten Wünsche der depressiven Mütter sind introjektive. In der depressiven Phase introjiziert der Kranke das Objekt. Die Ursache für diese Introjektion ist der Verlust des Objekts.

Diese Kinder, deren Mütter in der ersten Zeit ihres Lebens um sie liebevoll besorgt waren, hatten Objektbeziehungen und Identifizierungen mit der Mutter gebildet. Danach erfolgt der Stimmungsumschlag bei der Mutter, und ihre ablehnende Haltung bedingt den Verlust des Objektes. Infolge ihrer Identifizierung mit der Mutter gelangen diese koprophagen Kinder dazu, sich auch mit den introjizierenden Tendenzen der Mutter zu identifizieren, um so mehr, da die zweite Hälfte des ersten Lebensjahres noch zur oralen Phase gehört, während der der zentrale Funktionsmechanismus noch die orale Introjektion ist. Andererseits befinden sich die koprophagen Kinder schon am Übergangspunkt zur analen Phase, ihre Exkremente bieten sich ihnen daher als Objekt-Ersatz an. Aus der Art, wie sich die koprophagen Kinder ihrem Exkrement gegenüber verhalten, kann man sehen, daß sie es als Objekt behandeln. Nachdem sie ausreichend mit dem Exkrement gespielt haben, introjizieren sie es oral, indem sie es in den Mund stecken.

7. Bewußt kompensierte Feindseligkeit der Mutter

Das Verhalten der Mutter in diesen Fällen ist das Resultat eines bewußten Konfliktes. Für diese Mütter ist das Kind ein Objekt narzißtischer und exhibitionistischer Befriedigung. Das Kind ist für sie kein Liebes-Objekt, aber sie sind sich bewußt, daß ihre Einstellung zum Kinde inadäquat ist, und so versuchen sie in einer sehr typischen Weise zu kompensieren: Ihre Haltung wird engelhaft sanft, mit salbungsvollen und gleichzeitig leicht säuerlichen Obertönen. Man findet dieses Verhalten vor allem in intellektuellen Kreisen; wir haben einige derartige Fälle beobachtet und gefunden, daß die Kinder dieser Eltern im sozialen Sektor der Persönlichkeit zurückgeblieben sind, während sie in den anderen Sektoren über den Durchschnitt fortgeschritten sind. Als Resultat dieser Konstellation zeigen die Kinder eine große Vertrautheit in der Handhabung unbelebter Gegenstände und sind sehr geschickt in ihrer Manipulation. Dagegen sind sie an mitmenschlichen Kontakten wenig interessiert und zeigen sich ablehnend, wenn man sich ihnen nähert. Nach der Katamnese der Fälle, die wir verfolgen konnten, scheint sich ein Persönlichkeitstyp zu entwickeln, den John Bowlby unter der Bezeichnung „Aggressive Hyperthymic" (1946) beschrieben hat.

XII. STÖRUNGEN DURCH ENTZUG AFFEKTIVER ZUFUHR

1. Partieller Entzug affektiver Zufuhr

Im Verlauf einer unter Assistenz von Katherine M. Wolf durchgeführten Untersuchung, bei der insgesamt 170 Kinder während eines Zeitraums von ein und einem halben Jahr beobachtet wurden, haben wir 34 Kinder gefunden, die nach einem Minimum von sechs Monaten guter Beziehungen mit der Mutter während einer mehr oder weniger langen Periode von ihr getrennt wurden. Während dieser Zeit, in der sie von der Mutter getrennt waren, wurden die Kinder von (unausgebildeten) Pflegerinnen versorgt, denen die Kinder an sich mehr oder weniger gleichgültig waren und die ihnen daher bestenfalls eine unzulängliche Affektzufuhr boten. Es entwickelte sich bei diesen Kindern ein von Monat zu Monat ausgeprägter werdendes klinisches Bild, dessen Schwere direkt proportional der Dauer der Trennung war.

Erster Monat. — Die Kinder wurden weinerlich, anspruchsvoll und klammerten sich an den Beobachter, der Kontakt mit ihnen aufnahm.

Abb. 16. Anaklitische
Depression.

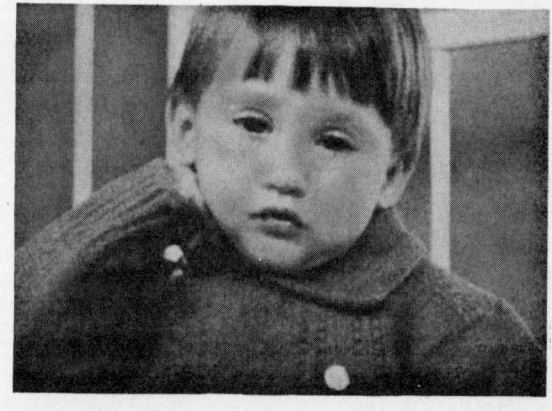

Zweiter Monat. — Das Weinen verwandelt sich in Schreien, es kommt zu Gewichtsverlust und Entwicklungsstillstand.
Dritter Monat. — Kontaktverweigerung. Pathognomische Position der Kinder (sie liegen in ihren Bettchen meist auf dem Bauch). Schlafstörung.
Der Gewichtsverlust hält an. Es entsteht eine Neigung zu interkurrenten Erkrankungen. Generalisierung der motorischen Verlangsamung. Starrer Gesichtsausdruck.
Nach dem dritten Monat: Die Starre des Gesichtsausdrucks wird zum Dauerzustand. Das Schreien hört auf und wird durch leises, seltenes Wimmern ersetzt. Die motorische Verlangsamung wird ausgeprägter und führt zur Lethargie.

Gibt man vor Ablauf der kritischen Periode, die zwischen den dritten und fünften Monat fällt, dem Kind die Mutter wieder oder gelingt es, dem Kinde einen annehmbaren Mutterersatz zu verschaffen, so verschwindet die Störung mit erstaunlicher Geschwindigkeit.

Wir haben diese Störung *anaklitische Depression* (1946) genannt wegen der Ähnlichkeit, die das klinische Bild mit der Depression des Erwachsenen hat.

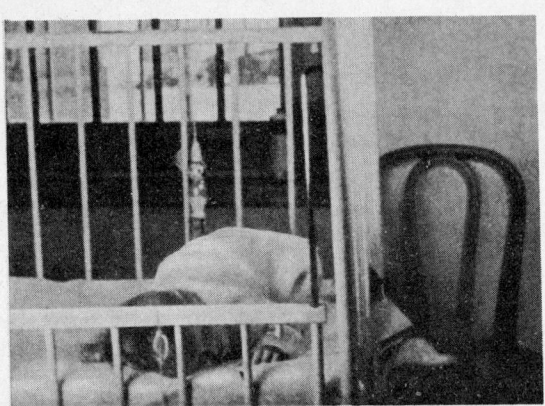

Wir betonen, daß die dynamische Struktur der anaklitischen Depression von der Struktur der Depression des Erwachsenen grundlegend verschieden ist.

Abb. 17. Pathognomische Position.

Eine für das Entstehen der anaklitischen Depression notwendige Voraussetzung ist das vorherige Vorhandensein guter Beziehungen zur Mutter. Es ist bemerkenswert, daß, wenn die Beziehungen zur Mutter vor der Trennung schlecht waren, nach der Trennung ganz andersartige Störungen beim Kinde auftraten. Diese Beobachtung ist eine weitere Bestätigung der Wichtigkeit der Objektbeziehungen während des ersten Lebensjahres und der Folgen, welche die spezielle Form dieser Beziehungen im gegebenen Fall nach sich zieht.

2. *Völliger Entzug affektiver Zufuhr*

Im Gegensatz zur anaklitischen Depression konnten wir feststellen, daß nach totalem Entzug affektiver Zufuhren unheilvolle Folgen auftreten, wie immer auch die vorherigen Beziehungen zur Mutter gewesen sein mögen.

Für die Untersuchungen der Folgen totalen Affektentzuges standen uns 91 Säuglinge eines Findelhauses zur Verfügung, das sich außerhalb der USA befand. Diese Kinder waren während der ersten drei Lebensmonate an der Mutterbrust aufgezogen worden. Während dieser Zeit verhielten und entwickelten sich die Kinder wie der Durchschnitt normaler Kinder der Stadt, in dem das Findelhaus sich befand.

Die Kinder wurden nach drei Monaten abgestillt. Darnach wurden sie der Obhut einer Schwester anvertraut, die durchschnittlich für 10 Kinder zu sorgen hatte, oft für eine noch größere Zahl. Was die körperliche Fürsorge anbetrifft, so war sie vortrefflich: Ernährung, Unterbringung, Hygiene, usw. waren so gut oder besser wie in anderen von uns untersuchten Heimen. Aber da sich die Schwester gleichzeitig mit 10 Kindern beschäftigen mußte, erhielten sie nur den zehnten Teil der affektiven mütterlichen Zuwendungen, was als totaler Mangel affektiver Zufuhr angesehen werden kann. Nach der Trennung von ihren Müttern durchliefen die Kinder rasch die von uns

als partielle Karenz be-
zeichneten Stadien. An-
schließend wurde die ver-
langsamte Motorik deut-
lich. Die Kinder lagen völlig passiv in ihren Betten,
ihr Gesichtsausdruck war
leer und häufig schwach-
sinnig. Die optische Ko-
ordination war oft man-
gelhaft.

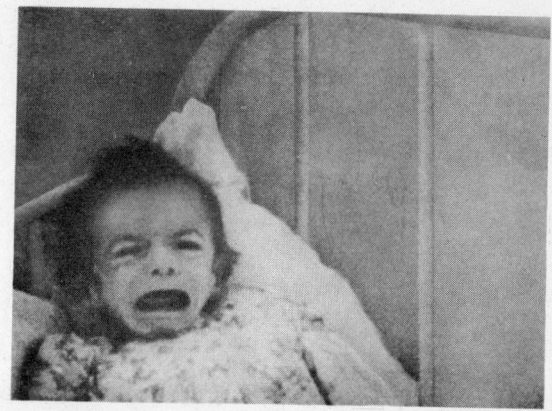

Abb. 18. Marasmus.

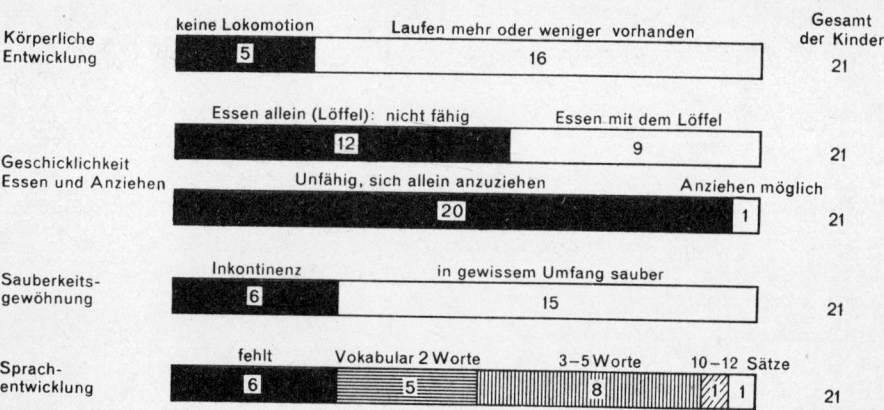

Abb. 19. Tafel der Entwicklungsniveaus, die die von ihren Müttern getrennten Kinder erreichten.

Sie gelangten nicht einmal auf die Entwicklungsstufe, in welcher das Kind sich vom Rücken auf den Bauch dreht. Sie konnten daher auch keine Fluchtbewegungen ausführen, wenn man sich ihnen näherte. Nach einiger Zeit zeigte sich bei einigen dieser Kinder in der Motorik das Bild des „spasmus nutans"; bei vielen der Kinder traten seltsame Fingerbewegungen auf, die an die Motorik Katatoner oder Enthirnter erinnern. Das Entwicklungsniveau wurde fortschreitend niedriger und am Ende des zweiten Lebensjahres ergaben unsere Tests einen Mittelwert von 45 %. Das ist das Niveau der Idiotie. Diese Kinder wurden bis zum Alter von vier Jahren beobachtet. Die Tabelle (Abbildung 19) zeigt, daß eine beträchtliche Anzahl von ihnen zu diesem Zeitpunkt weder stehen, laufen noch sprechen gelernt hatte.

Die verminderte Resistenz gegen Infekte einerseits und der fortschreitende Verfall andererseits führten zu einem extrem hohen Prozentsatz von Marasmus und Sterblichkeit bei diesen Kindern. Von den 91 Kindern, die wir während zwei Jahren in diesem Waisenhaus beobachtet haben, starben 37 %. Wir konnten nur 21 der 57 Überlebenden weiterverfolgen und wissen also nicht, ob der Prozentsatz der Verstorbenen nicht noch höher liegt. Die Tafel (Abb. 20) stellt den Prozentsatz der Sterblichkeit dar.

Im Gegensatz dazu haben in einem zweiten Heim unsere Beobachtungen ganz andere Ergebnisse gezeigt. In diesem Kinderheim wurden die Säuglinge von ihren eigenen Müttern versorgt, und wir konnten jährlich 50 bis 60 Säuglinge von Geburt bis zum Ende des ersten Lebensjahres beobachten. Im Laufe von vier Jahren sahen wir 220 Kinder während eines ganzen Jahres, von denen keines starb. Wir sind uns bewußt, daß dies ein ganz außergewöhnliches Ergebnis ist, ein Zufallsergebnis, welches hoch über dem Durchschnitt der allgemeinen Kindersterblichkeit steht. Jedoch zeigt es eindrucksvoll, daß die normalen Mutter-Kind-Beziehungen weit über das Körperliche hinaus eine lebenserhaltende, vor Krankheit schützende Wirkung haben, indes der völlige Liebesentzug zu einem fortschreitenden Verfall führt. Der Verfall der Kinder steht in direktem Verhältnis zur Dauer des Liebesentzuges, dem der Säugling ausgesetzt ist.

Dieses klinische Bild wird in der Fachliteratur mit Hospitalismus bezeichnet und bildet den Gegenstand vieler wissenschaftlicher Untersuchungen (Spitz, 1945).

Die anaklitische Depression und der Hospitalismus zeigen uns, daß das durch Liebesentzug bedingte Fehlen von Objektbeziehungen die gesamte Entwicklung auf allen Gebieten der Persönlichkeit zum Stillstand bringt. Diese beiden Störungen bieten uns, wenn wir sie in den Rahmen unserer Gesamtdarstellung einordnen in umfassendster und verständlichster Weise den unwiderlegbaren Beweis für die kardinale Bedeutung, die die Objektbeziehungen im Rahmen der Gesamtentwicklung haben.

Weniger allgemein ausgedrückt: Die Katamnese beider Störungen zeigt, daß bei Fehlen der Objektbeziehung die Entladung aggressiver Strebungen unmöglich gemacht wird und der Säugling die Aggression dann gegen sich selbst als das einzige ihm verbleibende Objekt richtet. Der Säugling wird unfähig zur Assimilierung der Nahrung; Schlafstörungen treten auf; noch später wird die Selbstaggression in aktive Handlung umgesetzt, indem diese Kinder mit dem Kopf gegen die Gitterstäbe ihres Bettes schlagen, sich mit der Faust auf den Kopf trommeln und sich die Haare büschelweise ausreißen. Der Verfall schreitet in unerbittlicher Weise fort und führt schließlich zu Marasmus und Tod.

Nach unserer Hypothese findet in diesen Fällen, in denen es dem Kinde nicht gelingt, Objektbeziehungen zu bilden, eine Entmischung der beiden Grundtriebe statt. Das Kind, dem die affektive Zufuhr vorenthalten wird, wendet die vom libidinösen Triebe getrennte Aggression gegen sich; dadurch

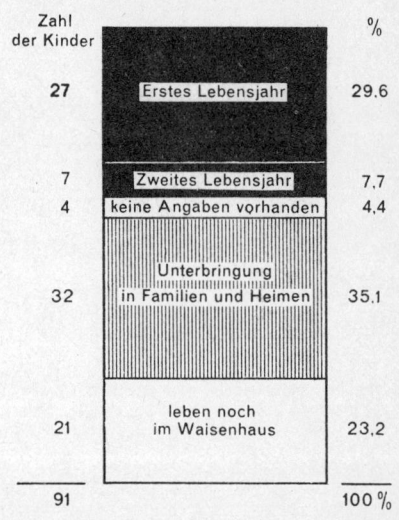

Abb. 20. Sterblichkeit der von ihrer Mutter getrennten Kinder.

Zahl der Kinder		%
27	Erstes Lebensjahr	29.6
7	Zweites Lebensjahr	7.7
4	keine Angaben vorhanden	4.4
32	Unterbringung in Familien und Heimen	35.1
21	leben noch im Waisenhaus	23.2
91		100 %

wird der zunehmende Verfall herbeigeführt (1953). Der entgegengesetzte Vorgang kann im Verlaufe des Heilungsprozesses von der anaklitischen Depression beobachtet werden, wenn einige Monate nach der Rückkehr des Liebesobjektes der pathologische Vorgang zum Stillstand und dann zur Rückbildung gebracht wird. Nun kann man das Phänomen einer teilweisen „Wieder-Vermischung" der Triebe beobachten. Diese Kinder nehmen die Aktivität rasch wieder auf. Sie werden wieder heiter, verspielt und aggressiv. Darüber hinaus haben wir in einigen Fällen tatsächlich beobachtet, daß die aggressiven Triebe auf die Umwelt gerichtet werden: die von der anaklitischen Depression geheilten Kinder schlagen sich nicht mehr selbst, sie reißen sich keine Haare mehr aus, dafür beginnen sie, die anderen Kinder zu beißen, zu kratzen und zu schlagen.

Das Schicksal der entmischten Libido kann man bei den Kindern verfolgen, die als Resultat eines dauernden Entzuges der affektiven Zufuhr an Hospitalismus erkranken und schließlich dem Marasmus verfallen. Wie aus unseren Beobachtungen über die autoerotischen Aktivitäten während des ersten Lebensjahres hervorgeht, hören bei diesen Kindern alle autoerotischen Aktivitäten, einschließlich des Daumenlutschens, völlig auf. Wir vermuten, daß sie zum primären Narzißmus regrediert sind; sie können ja nicht einmal mehr den eigenen Körper zum Objekt nehmen, wie das beim sekundären Narzißmus der Fall wäre. Man hat den Eindruck, als würde bei den infolge Liebesentzuges an Marasmus leidenden Kindern die gesamte Libido in den ausschließlichen Dienst der Lebenserhaltung gestellt, um das verflackernde Lebenslicht zu speisen. Den Marasmus-Kindern war die Möglichkeit, eine Objektbeziehung zu bilden, nicht gegeben worden und so konnte eine Triebmischung der beiden Triebe durch ihre Lenkung auf *ein* Objekt nicht stattfinden. Ohne Objekt in der Außenwelt nehmen sich die noch nicht gemischten Triebe die eigene Person zum Objekt und werden auf diese zurückgewendet. Die Folgen der rückgewendeten ungemischten Aggression zeigen sich in dem zerstörerischen, progressiven, marantischen Verfall des Kindes. Dem setzt sich der rückgewandte libidinöse Trieb, in einer dem primären Narzißmus analogen Form, entgegen und verbraucht sich an der Aufgabe, das Leben zu erhalten.

Es scheint mir, daß im normalen Triebgemisch der Aggressionstrieb für beide Triebarten die Rolle einer Art Trägerwelle spielt und es so ermöglicht, beide Triebarten auf die Umwelt zu richten. Wenn aber der Aggressionstrieb entweder nicht zur Mischung mit dem libidinösen Trieb gelangt, oder eine Entmischung stattfindet, so wendet sich die Aggression gegen die Person des Kindes selbst; und auch die Libido kann sich nicht mehr nach außen richten.

Eine Neutralisierung des Triebes (d. h. die Umwandlung der Triebenergie in neutralisierte Energie) könnte die verderblichen Folgen der Triebentmischung hintanhalten. Doch setzt die Triebneutralisierung einen Grad der Ich-Integration voraus, zu welcher das Kind vor der Ich-Konstituierung im achten Lebensmonat nicht fähig ist. Die dazu notwendige Ich-Integration findet in der Periode zwischen dem zweiten und dem dritten Organisator statt, zwischen dem achten und dem achtzehnten Lebensmonat, und findet ihren Abschluß mit der Erwerbung der symbolischen Funktion der Sprache. Dieser Integrationsprozeß ist der entscheidende Schritt zur Menschwerdung. Um ihn zu vollziehen, müssen folgende Voraussetzungen erfüllt sein:

a) Ein gesichertes, gefahrenfreies affektives Klima muß geschaffen werden. Das kann nur durch das Liebesobjekt geschehen.

b) Sowohl die aggressiven wie die libidinösen Strebungen müssen im Affekt und im Handlungsaustausch mit dem Objekt zur Abfuhr gebracht werden.

c) Nach der Ich-Konstituierung kommt eine Wechselwirkung seelischer Prozesse innerhalb des gesicherten affektiven Klimas hinzu.

Es muß betont werden, daß der Begriff „seelische Prozesse" die Abwehr-mechanismen in weitestem Sinne einschließt. Seitens des Kindes werden sie nach der Konstituierung des Ichs in großem Umfange in Gang gesetzt und ausgearbeitet, wobei sie sowohl der Anpassung wie der Abwehr und der Persönlichkeitsgestaltung, einschließlich Charakterbildung des Kindes die-nen. Es ist offensichtlich, daß es in diesen Prozessen fortlaufend zu den mannigfaltigsten Formen der Triebdifferenzierung, Triebreintegration und Triebmischung kommt. Dabei entstehen zahllose versuchsweise Anord-nungen, von denen viele als ungeeignet fallengelassen werden. Das normale Kind kann auf die ungeeigneten Versuche verzichten, weil die Sicherheit der Objektbeziehung das Aufgeben eines Teilzieles oder einer Teilbefriedi-gung gefahrlos macht und Kompensationen ermöglicht. Diese Vielzahl der Versuche mit Triebanordnungen, Triebdifferenzierungen und Triebverwen-dungen erinnert an die Art, wie Bewegungs- und Handlungsschemata zu einem früheren Zeitpunkte erworben wurden: Aus zahllosen Zufallsbewe-gungen werden durch Ausschaltung der unzweckmäßigen und Beibehaltung der zweckmäßigen Bewegungen die erfolgsspezifischen Verhaltensweisen herauskristallisiert. Nach der Ich-Konstituierung ermöglicht das affektive Klima ein solches Experimentieren mit den Trieben auf einem höheren Niveau.

Dieses affektive Klima bereitet der Neutralisierung des Triebes den Weg. Es wäre verlockend, die Hypothese aufzustellen, daß die Neutralisierung auf dem Niveau des Triebes das ist, was das Realitätsprinzip auf dem Niveau der Handlung. Unneutralisiert endet der Trieb in Zerstörung, Zer-störung des Objektes oder Zerstörung des Subjektes. Neutralisiert wird er in der Schwebe gehalten, um bei günstigerer Gelegenheit und entsprechen-dem Anlaß erfolgsspezifisch verwendet zu werden. Damit wurde die Trieb-neutralisierung gleichfalls zur Umwegfunktion.

Gleichzeitig dient hier die Triebneutralisierung einer möglichen Abwehr. Es wäre dann den uns bekannten Abwehrmechanismen auch die Neutrali-sierung zuzuzählen, indes die Schaffung des Realitätsprinzips als ihr Vor-läufer, ihr Prototyp, anzusehen wäre.

Die Entwicklungsperiode zwischen dem achten und dem achtzehnten Le-bensmonat ist somit einem besonders komplizierten Anpassungsvorgange vorbehalten, der Eingliederung, der Meisterung der Triebe unter der Lei-tung des Ichs mit Hilfe der Objektbeziehungen. Aus diesem Grunde ist diese Periode zwischen dem achten und achtzehnten Lebensmonat vom Gesichtspunkte des Objektverlustes die kritischste im ganzen Leben.

Wir haben unsere Studie mit der phänomenologischen und theoretischen Darstellung der Entwicklung der Objektbeziehungen begonnen. An diese Darstellung schloß sich die Diskussion einiger Störungen der Entwicklung der Objektbeziehungen an, die während des ersten Lebensjahres auftreten können. Wir verdanken einen großen Teil unserer theoretischen Kenntnisse über die normale Entstehung der Objektbeziehungen der Beobachtung über die Fehlbildungen der Beziehungen selber. Es ist die Methode, mit deren Hilfe der Neurologe auf die normale Hirn- und Nervenfunktion aus den Funktionsausfällen, wie sie etwa bei Hirnverletzungen vorkommen, schließen konnte. Dieselbe Methode führte auch Freud in die Psychiatrie ein und entdeckte durch die Untersuchung der pathologischen Fälle, wie der normale psychische Apparat, vor allem aber das Ich funktioniert.
Übrigens ist die Parallele mit der psychoanalytischen Methode nicht auf diesen Bereich beschränkt. Zwar waren wir durch die Eigenart des Gegenstandes, des Säuglings, gezwungen, die psychoanalytische Tiefenforschung durch die direkte Beobachtung des Kindes zu ersetzen. Das ist der Zugang, dem wir die Entdeckung jener Punkte und Faktoren verdanken, die richtunggebend für das erste Lebensjahr sind. Andererseits führte das durch die psychoanalytische Theorie inspirierte Studium der Affektstörungen im ersten Lebensjahr zur Aufdeckung gewisser besonderer Aspekte in der Entwicklung der Objektbeziehungen. Mit Hilfe dieser Aspekte wiederum vermochten wir den orientierenden Punkten und Faktoren innerhalb des Netzes der chronologischen Abfolge der sich miteinander verflechtenden Strömungen der Triebentwicklung einen Platz anzuweisen. So entstand ein Bild von der Funktion der Triebe unter dem Gesichtspunkt der Reifungsvorgänge, der Strukturierung der Persönlichkeit und ihrer Wechselwirkung mit der sie umgebenden Außenwelt. Wir wollen nun versuchen, diese verschiedenen Zugänge im folgenden zusammenzubringen:

A. Die wichtigsten Orientierungspunkte, die bei der Geburt vorhanden sind:

1. die kongenitale Apparatur;
2. der Reizschutz;
3. die Hilflosigkeit des Neugeborenen;
4. das Fehlen einer psychischen Organisation.

Auf Grund dieser ersten Gegebenheiten sowie der Tatsache, daß der gesamte kindliche Organismus sich während des ersten Lebensjahres im Zustand rascher Übergänge und Entwicklungsphasen befindet, konnten wir mit Hilfe direkter Beobachtung eine zweite Reihe von Faktoren hinzufügen, von denen wir weiter unten sprechen werden.

Unser Zugang unterscheidet sich in folgendem Punkte von Freuds Methode: Während er auf Grund von Erwachsenen-Beobachtung rückwärtsblickend die Vergangenheit rekonstruiert, arbeiten wir in der Anwendung der direkten Beobachtung in der Richtung nach vorwärts, indem wir uns eng an den Verlauf der Entwicklung halten und somit eine sogenannte longitudinale Methode verwenden. Indessen ist dies mit der Methode der experimentellen Psychologie nicht identisch. Diese beschränkt sich in ihrem Ziel, die Kindheit zu erforschen, auf isolierte Phänomene, die bei einer statistisch relevanten Zahl von Kindern beobachtet werden. Daraus ergibt sich ein Inventar des kindlichen Verhaltens; die neueren psychologischen Schulen stellen chronologische Gesetzmäßigkeiten in der Entwicklung dieser Verhaltensweisen auf.

Im Gegensatz dazu ist es für den Psychoanalytiker ein fundamentales Axiom, daß die der Beobachtung zugänglichen Phänomene nur die äußerlich wahrnehmbaren Erscheinungen der Vorgänge in den darunterliegenden Strukturen sind. Infolgedessen stellen die von den Experimentalpsychologen beobachteten Phänomene statische und ahistorische Einheiten dar, während für unsere Methode der Erforschung der frühen Kindheit die gleichen Phänomene nur *einen* Aspekt eines dynamischen Prozesses bilden, dessen Entstehungsgeschichte wir verfolgen. Daraus ergibt sich, daß der Experimentalpsychologe Reize und Reaktionen mit den Begriffen von Raum und Zeit definiert. Wir dagegen betrachten sie vom Standpunkt ihrer Entwicklungsgeschichte, wir untersuchen die in ihnen wohnenden Energien, wir wägen ihre Rolle in der Gegenwart und wir verfolgen ihr zukünftiges Schicksal.

B. Die zweite Reihe umfaßt Faktoren, die in den ersten Lebenswochen in Erscheinung treten:

1. Das Stadium der Undifferenziertheit, während dessen Psyche und Soma nicht voneinander unterschieden werden können. Die Wahrnehmung ist noch nicht auf die Umwelt gerichtet, und die Funktionen des Kindes dienen vor allem der Bedürfnisbefriedigung;

2. die fortschreitende Differenzierung der Somato-Psyche in eine psychische und eine somatische Komponente;

3. die Dyade oder Beziehung zu zweien bedingt durch die Hilflosigkeit des Neugeborenen;

4. die Rolle der Mutter-Kind-Beziehungen für die Differenzierung von Soma und Psyche;

5. die einzelnen aufeinanderfolgenden Stadien, die die Entwicklung der Objektbeziehungen bezeichnen, d. h. das Stadium des Objekt-Vorläufers und das Stadium des Objekts im eigentlichen Sinn;

6. die Existenz der Organisatoren, ihre Funktion und Eigenart. Der erste ist bezeichnet durch den Beginn des Ichs, der sich im gegenseitigen Kontakt durch das Lächeln zeigt; der zweite durch die Konstituierung des Ichs sowie eines Objektes im eigentlichen Sinne; er ist erkennbar an der Erscheinung der Achtmonatsangst;

7. die Rolle der Triebversagungen für die Entwicklung der Umwegfunktion (Realitätsprinzip);

8. die Tatsache, daß es einen Entwicklungsprozeß nicht nur im Physikalischen, in der Wahrnehmung, in der Motorik, in den verschiedenartigen Fertigkeiten, in der Intelligenz gibt, sondern daß ein Entwicklungsprozeß in der Konstituierung des Ichs nachgewiesen werden kann, in den Ich-Funktionen, in der progressiven Differenzierung der Triebe, in der wachsenden Komplexität der Objektbeziehungen und in den fortschreitenden Wandlungen der Triebschicksale in diesen Beziehungen;

9. die Beobachtung, daß die Entwicklung der Affekte jeder anderen Entwicklung vorausgeht und ihr den Weg bahnt.

Die Konstituierung des ersten Organisators scheidet die Periode der im Zeichen der Bedürfnisbefriedigung stehenden biologischen Funktion von der nunmehr einsetzenden Periode der psychischen Funktion. Die letztere wird nun nach und nach dem Realitätsprinzip unterstellt. Der Aufstieg von der primitiveren zur fortgeschritteneren Funktionsweise ist das Resultat einer Vielheit zirkulärer, ineinanderwirkender, immer komplexer werdender Prozesse innerhalb der Dyade; mit anderen Worten, er ist das Resultat einer Beziehung, die von Schritt zu Schritt sich mehr dem Sozialen nähert.

C. Der Höhepunkt dieses Austausches, dieser Aktivität und Wechselwirkungen ist das Infunktiontreten des zweiten Organisators, das sich äußerlich in dem Phänomen der Achtmonatsangst kundgibt. Er ist das Anzeichen für:

1. die Vereinigung der einzelnen Ich-Kerne zu einer einzigen zentralen Steuerorganisation;

2. die Verwandlung des Objekt-Vorläufers (der bis dahin noch immer aus isolierten Wahrnehmungserlebnissen zusammengesetzt war) in ein echtes Liebesobjekt;

3. die Umwandlung der Vorobjektbeziehungen in echte Objektbeziehungen, die durch die Triebmischung der Aggression mit der Libido möglich geworden ist. Dadurch ist die Fähigkeit entstanden, die vereinigten Triebe auf die Person des echten Liebesobjektes zu richten.

Wir können also während des ersten Lebensjahres von drei Orientierungspunkten sprechen. Diese sind: die Periode der Hilflosigkeit nach der Geburt; der erste Organisator im dritten Monat; der zweite Organisator mit etwa acht Monaten. Die Einführung des Begriffes der psychischen Organisatoren und ihrer Funktion erweitert den Begriff von den genetischen Abfolgen um eine neue Dimension.

An sich erscheinen die genetischen Sequenzen der Triebe, der verschiedenen Funktionen, der Verhaltensweisen als isolierte hierarchisch geordnete Wesenseinheiten, die sich in einer chronologischen Folge entwickeln. Wenn es sich um eine Röhrenqualle (Siphonophore) handelte, also um eine Art Bundesstaat, so würden diese isolierten Entwicklungsströmungen gesondert weiterlaufen. Doch der Mensch ist eine Ganzheit. Den Organisatoren kommt es zu, die isolierten Strömungen zu einem Bündel zu vereinigen und eben dadurch das Niveau der Funktion, ihr Wesen zu verändern. Das erfolgt im Verlaufe der drei beschriebenen Phasen. Der Zusammenfluß der vielfältigen Strömungen der Reifung, der Entwicklung der Objektbeziehungen und der Entwicklung der Triebe an den Kreuzungspunkten der Organisatoren erklärt uns die Bildung völlig neuer Funktionseinheiten. Diese neuen Funktionseinheiten bestimmen dann die Umwandlung der Persönlichkeit und führen sie auf ein höheres Niveau, das vorher nicht bestand und eine von dem vorhergehenden verschiedene Struktur hat.

Diese andersartige Organisation, die sich auf einem höheren Niveau als die frühere befindet, manifestiert sich auf eindrucksvolle Weise nach dem Erscheinen des zweiten Organisators durch die Entfaltung zahlreicher neuer Fähigkeiten, die wir im sechsten Kapitel beschrieben haben.

Diese Befunde sind vielleicht das entscheidendste Argument für die Anwendung des genetischen Gesichtspunktes. Die Tatsache des Zusammenflusses an den Kreuzungspunkten der Organisatoren unterstreicht deutlich, daß es keine direkte und mechanische Übereinstimmung zwischen den Phänomenen des Erwachsenenlebens und denen der Kindheit gibt. Es handelt sich eher um einen historischen Zusammenhang, insofern als ein auf einem niederen Niveau vorhandenes Phänomen auf einem höheren Niveau in ein völlig andersartiges verwandelt wird. Das geschieht infolge der durch das Erscheinen des Organisators bewirkten funktionellen Umwandlung, durch die das niedere vom höheren Niveau abgegrenzt wird. Nehmen wir ein hypothetisches Beispiel auf der Entwicklung des „Objekts": Die mütterliche Brust, die zu Beginn die Funktion eines Teilobjekts hat, wird nach dem Erscheinen des zweiten Organisators durch die Gesamtperson der Mutter ersetzt und wird zum Objekt. Beim kleinen Mädchen übernimmt in der ödipalen Phase der Vater die Rolle des Objekts und dieser wieder wird in der Pubertät durch einen jungen Mann abgelöst.

Andererseits wird durch den Nachweis dieser Organisatoren während des ersten Lebensjahres die Auffassung Freuds von der besonderen Funktion späterer Organisatoren ergänzt: wir denken an den Ödipuskonflikt, an die Pubertät, an die Menopause.

Wir haben in der vorliegenden Arbeit den Versuch gemacht, die Genese der ersten Objektbeziehungen an Hand experimental-psychologischer Daten sowie der uns durch direkte Beobachtung vermittelten Einsichten im begrifflichen Rahmen der Psychoanalyse zu erörtern. Wir haben das Wesen der Elemente untersucht, aus welchen die Objektbeziehungen gebildet werden. Wir haben Phasen in ihrer Entwicklung unterschieden und schließlich Störungen untersucht, welchen die Objektbeziehungen im Verlaufe des ersten Lebensjahres ausgesetzt sind. Diese Studie ist ein erster Ansatz. Wir nehmen an, daß zukünftige Untersuchungen, die über schärfere Begriffe und exaktere Instrumente verfügen, unsere Resultate korrigieren werden. Es ist deshalb nur eine erste Annäherung, die wir zu bieten haben; immerhin ist es dadurch gelungen, in eine Reihe von Problemen größere Klarheit zu bringen, manchmal mit unerwarteten Resultaten.

Ich habe in den vorhergehenden Kapiteln darauf hingewiesen, daß die normale Entwicklung der Objektbeziehungen die Voraussetzung für das normale psychische Funktionieren ist — zwar nicht eine ausreichende, jedoch eine notwendige Voraussetzung. Wir haben ferner festgestellt, daß es im ersten Lebensjahre Störungen der psychischen Funktionen, psychogene Erkrankungen, psychosomatische Erscheinungen gibt, die denen des Erwachsenen ähnlich sind. Wir haben betont, daß es sich um eine Ähnlichkeit, nicht um eine Identität handelt. Gleichzeitig haben wir aber auch die Hypothese vertreten, daß derartige ernste Störungen in den Anfängen der Menschwerdung nicht verheilen, ohne Spuren zurückzulassen, an denen späterhin ähnliche oder auch andere pathologische Störungen ansetzen können. Bei dem gegenwärtigen Stand unserer Kenntnisse ist das eine Hypothese: die klinischen und experimentellen Untersuchungen von Anna Freud (1942, 1943), von John Bowlby (1946), von Rank und Putnam (1948), von Margaret Mahler (1952), von Berta Bornstein (1953, mündliche Mitteilung) und und von vielen anderen scheinen sie jedoch zu bestätigen. Sie wird endgültig bestätigt oder widerlegt werden, wenn wir über eine ausreichende Anzahl mit der Geburt beginnender longitudinaler Beobachtungen verfügen.

Selbst als Hypothesen weisen diese Feststellungen jedoch gebieterisch auf die Notwendigkeit von Vorbeugungsmaßnahmen hin. Darüber hinaus enthalten sie gewisse Hinweise für die Therapie von Störungen im Schulalter und beim Erwachsenen, auf welche wir zurückkommen werden.

Vorher möchte ich jedoch zwei Fragen eingehender behandeln; sie sind hypothetisch und spekulativ; ich hatte keine Gelegenheit, im bisherigen Verlauf dieser Studie mich mit ihnen zu befassen. Die eine dieser Fragen betrifft die soziologische Bedeutung unserer Befunde, die andere ihre Bedeutung für das wichtigste Werkzeug der analytischen Therapie, nämlich die Übertragung.

Schon im Anfang dieser Arbeit habe ich betont, daß die Objektbeziehungen im Grunde Sozialbeziehungen sind. Ich bin mir darüber klar, daß ich in den vorhergehenden Kapiteln die überragende Bedeutung, die die Bildung dieser Beziehungen für das Individuum hat, dargestellt habe. Ich möchte diese Arbeit jedoch nicht beenden, ohne wenigstens kurz auf die Zusammenhänge zwischen der Bildung der ersten Objektbeziehungen, der Objektfindung einerseits und soziologischen und historischen Vorgängen andererseits hinzuweisen.

Welche Bedeutung haben die ersten Objektbeziehungen für die menschliche Gesellschaft? Freud hat in seiner Schrift: *Massenpsychologie und Ich-Analyse* den ersten Entwurf zu diesem Problem ausgearbeitet. Von den Phänomenen der Hypnose und der Liebe ausgehend, formulierte er den Begriff der „Masse zu zweit". Mit Hilfe der Untersuchung des Hypnose-Phänomens führte er den Urprung der Masse zu zweit auf die Mutter-Kind-Beziehung zurück. Die Beziehung zwischen dem Hypnotiseur und seinem Medium ist aber auch der Prototyp der Beziehung der Masse zu ihrem Führer, der Urhorde zu ihrem Vater (1921).

All diese späteren Beziehungen, die Liebesbeziehung, die Beziehung in der Hypnose, die Beziehung der Masse zu ihrem Führer, und schließlich die zwischenmenschlichen Beziehungen haben ihren ersten Ursprung in der Mutter-Kind-Beziehung. Unsere Untersuchungen haben uns also einen Ausgangspunkt für das Verständnis der Kräfte und Bedingungen gegeben, die den Menschen zu einem Sozialwesen machen. Dank der in der Mutter-Kind-Beziehung erworbenen Fähigkeit, die Triebmischung auf *ein* Liebesobjekt zu richten, wird der Mensch fähig, alle späteren Sozialbeziehungen zu bilden [12].

Untersuchungen von Anthropologen und Ethnologen wie Margaret Mead (1928, 1935), Ruth Benedict (1934), A. Kardiner (1945, 1939), Redfield (1930) und vieler anderer haben auf die enge Verknüpfung hingewiesen, die zwischen den Mutter-Kind-Beziehungen, die in einer Kultur überliefert sind, und den Formen der kulturellen Einrichtungen und Verhaltensweisen der Erwachsenen besteht. In einem Artikel: *Frühkindliches Erleben und*

---

[12] Ich habe mich nicht über die späteren Perioden geäußert, die die libidinösen Besetzungen nach dem Erscheinen des ersten anaklitischen Objekts bis zur Bildung der Sozialbeziehungen der Erwachsenen durchlaufen. Diese Stufen, die die Identifizierungen mit dem Vater, Identifizierungsbildungen mit Brüdern, Schwestern usw. umfassen, sind von Freud in *Massenpsychologie und Ich-Analyse* (1921) beschrieben worden.

Erwachsenenkultur bei den Primitiven (1935) habe ich betont, daß es unzulässig ist, anzunehmen, daß die Art der Objektbeziehungen, die Art der Kindererziehung die kulturellen Einrichtungen der Erwachsenen bestimme. Andererseits ist es ebenfalls unzulässig zu sagen, daß es die kulturellen Einrichtungen der Erwachsenen sind, von denen die Formen der Mutter-Kind-Beziehungen bestimmt werden. Beide sind unlösbar miteinander verknüpft und stellen das Ergebnis der historischen Vergangenheit der betreffenden Gesellschaft dar.

Das Wesen der kulturellen Institutionen bestimmt die Grenzen, innerhalb derer sich die Objektbeziehungen entwickeln können. Kardiner hat dafür in seiner Arbeit über den Alor-Stamm ein Beispiel gegeben (1945). In der ökonomischen Struktur der Alor-Gesellschaft arbeitet die Frau auf dem Feld, während der Mann seinen Geschäften nachgeht. Die Mutter füttert ihr Kind am Morgen. Für den Rest des Tages vertraut sie es der Obhut eines anderen, kaum älteren Kindes an, welches sein Ressentiment für diese unerwünschte Last in der Art und in der Kargheit seiner Fürsorge zum Ausdruck bringt. Dieser Mangel an Pflege ist nicht sporadisch; er ist ein steter Begleiter im Leben des Kindes. Nie erlebt das Kind mütterliche Zärtlichkeit und Fürsorge. Kaum ist es größer geworden, so muß es (vor allem die Mädchen) der Mutter im Haushalt und mit dem nächsten Kinde helfen. Überall sieht man Kinder, die schreiend nach ihrer Mutter verlangen; jeder erwachsene Alorese beklagt sich darüber, daß seine Mutter ihn schon von Kindheit an im Stich gelassen habe.

Diesem Bilde der Kindheit auf Alor entspricht ein Erwachsenen-Verhalten, welches an das der verwahrlosten Jugendlichen unserer Großstädte erinnert. Der erwachsene Alorese zeigt keinerlei Anhänglichkeit seinen Eltern gegenüber. Die Beziehung zwischen den Geschlechtern ist denkbar schlecht. Jede menschliche Beziehung ist im Vergleich mit den bei uns üblichen ernstlich geschädigt. Die Aloresen sind mißtrauisch, haben weder zu sich selbst noch zu anderen Vertrauen; sie sind schüchtern, unsicher und leiden an dem Gefühl, fortgesetzt bedroht zu sein. Sie haben kein Gemeinschaftsgefühl, sie kennen keine Freundschaft; in ihren Tauschgeschäften sind sie betrügerisch und jeder versucht, den anderen übers Ohr zu hauen. Die Feindseligkeit des einzelnen gegenüber jedem anderen Menschen ist außerordentlich. Sie sind nicht schöpferisch; sie leben nur für den Augenblick, wohnen in Schutt und Abfall und haben keine Vorstellung von Moral oder Belohnung für gutes Verhalten. Das Hauptthema ihrer Folklore ist der Elternhaß. Als Gesellschaft können sie nur darum fortbestehen, weil sie nie von einer äußeren Gefahr bedroht wurden, weder von Eroberung, noch von Hungersnot. Andererseits sind sie kaum fähig, Aggression in Aktion umzusetzen.

Die Sitten und Traditionen der Aloresen zwingen die Mutter, ihr Kind zu verlassen, um den Boden zu bearbeiten, und den Vater, abwesend zu sein. Diese Gesellschaft verhängt also über die Kinder einen Entzug der Objektbeziehungen, ähnlich wie ich es bei den Findelheim-Kindern beschrieben habe. Dieser Mangel affektiver Zufuhr bestimmt dann, ob das Individuum zwischenmenschliche Beziehungen, welche über den sofortigen Vorteil hinausgehen, eingehen kann oder nicht. Diese abwegigen Erwachsenenbeziehungen ihrerseits bestimmen die Haltungen sowie die kulturellen Einrichtungen, die alle anderen zwischenmenschlichen Beziehungen regeln, also auch die der Mutter-Kind-Beziehung. Das entspricht der Schaffung eines zirkulären Sozialprozesses.

Doch dieses Beispiel in seiner vollen Klarheit kann nur in einer primitiven Gesellschaft beobachtet werden. In der primitiven und starr traditionell gebundenen Gesellschaft werden die Kultureinrichtungen durch solche zirkulären Prozesse durch die Jahrhunderte unverändert beibehalten. Unsere westliche Gesellschaft dagegen ist relativ plötzlichen Änderungen der sozialen Bedingungen, als Folge ökonomischer, ideologischer oder anderer Umwandlungen, unterworfen. Diese plötzlich entstehenden Umgestaltungen verändern auch den Rahmen der Mutter-Kind-Beziehungen. Im Laufe der letzten drei Jahrhunderte haben wir die beiden folgenden Veränderungen erlebt:

1. den fortschreitenden Verfall der patriarchalischen Autorität als Folge der Einführung des Protestantismus (Spitz, 1952);

2. die progressive Zersetzung der Mutter-Kind-Beziehung, die vor einem Jahrhundert begann. Infolge der Industrialisierung der Produktion wurde die Frau in den Arbeitsprozeß der Fabrik einbezogen und so den größten Teil des Tages von der Familie getrennt.

Diese beiden Erscheinungen, der Verfall der väterlichen Autorität einerseits und die von der Mutter im Stich gelassene Familie andererseits, wirken zusammen an der fortschreitenden Untergrabung der Familie als sozialer Einheit unserer abendländischen Gesellschaft. Die Folgen sehen wir in den immer ernster werdenden Problemen jugendlicher Verwahrlosung in allen westlichen Ländern. Bei den Erwachsenen sieht man die Folgen in der steigenden Zahl der Neurosen, der Psychosen und in der wachsenden Kriminalität.

Neue Methoden wurden versucht, um den Problemen zu begegnen; bis vor kurzem unbekannte soziale Einrichtungen werden geschaffen, wie z. B. die Tagesheime, die Fürsorgeämter, die Adoptionsvermittlungsstellen, die Child Guidance-Kliniken, die „Baby-Sitter", die wachsende Anzahl der

Anstalten für Geisteskranke sowohl für Kinder wie für Erwachsene. Allgemein wird die Notwendigkeit anerkannt, eine astronomische Zahl von Psychiatern heranzubilden, um die durch unsere Zivilisation selbst bedingten Störungen zu behandeln.

All dies sind aber nur Notbehelfe. Immer klarer und immer zwingender wird die Notwendigkeit, die Wurzel des Übels selbst anzugehen. Eine vorbeugende soziale Psychiatrie muß geschaffen werden, wollen wir unsere Zivilisation vor der Gefahr schützen, die ihr von der rapiden Verschlechterung der notwendigen Voraussetzungen für die normale Entwicklung der Objektbeziehungen droht. Das ist ein Problem, das die Kompetenz des Psychiaters überschreitet und dessen Lösung in den Aufgabenbereich des Staates gehört. Die Aufgabe des Psychiaters und Psychoanalytikers ist es, Störungen des einzelnen zu heilen, die im Gefolge der durch unsere gegenwärtige Gesellschaftsform auferlegten Belastungen entstehen. Für diese Therapie mag uns das Studium der Entwicklung der ersten Objektbeziehungen Richtlinien geben, denn das zweite der eingangs erwähnten Probleme, die Frage der Übertragung, ist damit eng verbunden.

Unser jetziges Wissen deutet darauf hin, daß die Störungen in der Bildung der ersten Objektbeziehungen beim Jugendlichen und Erwachsenen wahrscheinlich ernste Störungen in der Fähigkeit zur Übertragung zur Folge haben. Margaret Mahler (1952) hat zwei Verhaltenssyndrome beim Kleinkind beschrieben. Sie spricht vom autistischen und vom symbiotischen Kind. An das autistische Kind erinnert der Erwachsene, der an Kontaktmangel leidet, der den Kontakt ablehnt oder der im Extremfalle in eine Katatonie verfällt. Andererseits finden wir auch eine Parallele zum symbiotischen Kind in jenen Erwachsenen, die gewisse Formen pathologischer Bindung und jene extremen Formen von Hörigkeit und Abhängigkeit entwickeln, die häufig zum Selbstmord führen.

Es ist anzunehmen, daß gute Objektbeziehungen im ersten Lebensjahre die Vorbedingungen zur Bildung jeglicher Übertragung sind. Aus diesem Grunde konnte das Phänomen der Übertragung zu allererst an den Neurosen studiert werden, bei welchen der Initialkonflikt Jahre nach der Objektfindung entsteht. Störungen der ersten Objektbeziehungen dagegen werden auch eine Störung der Übertragungsfähigkeit nach sich ziehen. Das sind jene Fälle, von denen man lange Zeit sagte, daß sie zu narzißtisch seien, um eine Übertragung zu bilden, und deshalb der Behandlung nicht zugänglich seien.

Heute wissen wir, daß sie wohl Übertragungen herstellen können, aber daß die Handhabung dieser atypischen und schwierigen Übertragung große Anforderungen an den Therapeuten stellt.

Die Kenntnis der Genese der ersten Objektbeziehungen ist vom Gesichtspunkte der Therapie aus zwei Gründen wünschenswert: erstens aus dem bereits erwähnten Grund der Prophylaxe, damit Störungen der Übertragungsfähigkeit vermieden werden, bevor sie entstehen. Zweitens, um aus dem Studium der ursprünglichen Quellen der Übertragungsfähigkeit Anregungen zur Therapie „übertragungsunfähiger" Patienten zu gewinnen. Diese Patienten haben Schwierigkeiten in der Übertragungsbildung, weil es ihnen niemals gelungen war, eine libidinöse Beziehung aufrechtzuerhalten oder verläßliche Objektbeziehungen zu entwickeln, kurz, das anaklitische Liebesobjekt normal zu konstituieren.

In der Folge werden diese Kranken unfähig sein, die Beziehungen zu bilden, die sie zu Beginn entbehrt haben. Es wird ihnen nicht gelingen, eine dauernde Beziehung etwa auf dem Niveau der Identifizierung einzugehen, weil sie nicht Gelegenheit hatten, die elementarere Beziehung, die früheste anaklitische Abhängigkeitsbeziehung zur Mutter, voll herzustellen. Das Elend ihrer Kindheit offenbart sich in der Verarmung ihrer menschlichen Beziehungen.

Aber solche Erkrankungen, mögen sie auch schwere sein, stellen noch eine relativ günstige Lösung dar. Wesentlich schlimmer sind jene Kinder daran, die einem massiven lang dauernden Affektentzug während des ersten und zweiten Lebensjahres ausgesetzt waren. Ihnen wurde ihr phylogenetisches Erbteil, ihr mitgeborenes Anrecht auf die Wärme der Affekte, vorenthalten. Damit verschloß sich ihnen der Weg zur Menschwerdung, oder zumindest der Weg in die Gemeinschaft; und die Möglichkeiten, die ihnen offen bleiben, werden diese belasten. Dieser Möglichkeiten sind drei: sie kehren die nach dem Liebesentzug verbleibende Aggression gegen sich selbst und sterben; im milderen Fall, den Anteil des Körpers rettend, treibt die freischwebende Aggression sie in den Schwachsinn; gelingt es ihnen, diesen beiden Schicksalen zu entgehen, so werden sie haßerfüllte, verwahrloste Jugendliche — am Ende dieses Weges steht das Verbrechen.

BIBLIOGRAPHIE*

ABRAHAM, K., *Versuch einer Entwicklungsgeschichte der Libido.* Leipzig-Wien-Zürich, Int. Psycho-anal. Verlag, 1924.

ALARCON, A. G., *Dyspepsie des nourrissons.* Paris, Baillière, 1929.

— *Conceptos Nuevos sobre Dietetica Infantil.* Pediatrice de Las Americas, 1, 1943.

BALINT, M., *Individual Differences of Behavior in Early Infancy and an Objective Method for Recording them.* I. Approach and the Method for Recording. II. Results and Conclusions. J. Genetic Psych., 73, 1948.

BENEDICT, R., *Patterns of Culture.* Boston, Houghton Mifflin (Zuni), 1934.

BERNFELD, S. (1925), *Psychologie des Säuglings,* Wien, Springer.

BORNSTEIN, B., *Fragment of an Analysis of an Obsessional Child.* Psychoanalytic Study of the Child VIII, New York, Int. Univ. Press, 1953.

— Persönliche Mitteilung.

BOWLBY, J., *Forty-Four Juvenile Thieves.* London, Baillière, Tindall & Cox, 1946.

BROAD, C. D., *The Mind and its Place in Nature.* London, Kegan Paul, 1925.

— *Normal Cognition, Clairvoyance and Telepathy.* London, Soc. Psych. Research, 1949.

BÜHLER, C. & HETZER, H., *Inventar der Verhaltungsweisen des ersten Lebensjahres.* Quellen und Studien der Jugendkunde 5, Jena, Gustav Fischer, 1927.

BÜHLER, K., *Sprachtheorie,* Jena, Fischer, 1934.

DEUTSCH, F., *Analysis of Postural Behavior.* Psa. Quarterly. XVI, 1947.

— *Thus Speaks the Body — An Analysis of Postural Behavoir.* Trans. N.Y. Ac. Sc. II. Vol XII. 1949.

— *Analytic Posturnology.* Psa. Quart. XXI, 1952.

ERIKSON, E. (1950), *Childhood and Society.* New York, W. W. Norton & Co.

ERIKSON, E. (1956), *Das Problem der Identität.* Psyche X, 114—176.

FINKELSTEIN, H., *Säuglingskrankheiten.* Amsterdam, Elsevier, 1938.

FOERSTER, H. v. (Hrsgb.), *Cybernetics:* Transactions of the 8th Conference. New York, J. Macy jr. Foundation, 1952.

FRANKL, L. & RUBINOW, O., *Die Erste Dingauffassung beim Säugling.* Zeitschr. f. Psych., 133, 1934.

FREUD, A. & BURLINGHAM, D., *War and Children.* London, George Allen & Unwin, 1942.

— *Anstaltskinder*: Argumente für und gegen die Anstaltserziehung von Kleinkindern London, Imago Publishing Co., 1943.

FREUD, A. & DANN, S., *An Experiment in Group Upbringing.* Psychoanalytic Study of the Child, 6. New York, Int. Univ. Press, 1951.

FREUD, S. (1900), *Die Traumdeutung.* Ges. Werke II/III, London, Imago Publ. Co. Ltd., 1942.

— (1905), *Drei Abhandlungen zur Sexualtheorie.* V, ebd., 1942.

— (1905), *Bruchstücke einer Hysterie-Analyse.* V, ebd., 1942.

— *Bemerkungen über einen Fall von Zwangsneurose.* VII, ebd., 1943.

— (1911), *Formulierungen über die zwei Prinzipien des psychischen Geschehens.* VIII, ebd., 1943.

— (1912), *Ratschläge für den Arzt bei der psychoanalytischen Behandlung.* VIII, ebd., 1943.

— (1915), *Das Unbewußte.* X, ebd., 1946.

— (1915a), *Triebe und Triebschicksale.* X, ebd., 1946.

— (1917), *Vorlesungen zur Einführung in die Psychoanalyse.* XI, ebd., 1940.

— (1920), *Jenseits des Lustprinzips.* XIII, ebd., 1940.

— (1921), *Massenpsychologie und Ich-Analyse,* XIII, ebd., 1940.

— (1923), *Das Ich und das Es.* XIII, ebd., 1940.

— (1926), *Hemmung, Symptom und Angst.* XIV, ebd., 1948.

* Die in Klammern stehenden Zahlen bezeichnen das Entstehungs- bzw. Erscheinungsjahr des betreffenden Werkes.

FREUD, S. (1930), *Das Unbehagen in der Kultur*. XIV, ebd., 1948.

— (1932), *Neue Folge der Vorlesungen zur Einführung in die Psychoanalyse*. XV, ebd., 1940.

— *Aus den Anfängen der Psychoanalyse*. London, Imago Publ. Co., Ltd., 1950.

FRISCH, K. v., *Aus dem Leben der Bienen*. Berlin, Springer, 1931.

GESELL, A. & ILG, F., *Feeding Behavior of Infants*. Philadelphia, Lippincott, 1937.

HARTMANN, H., *Ich-Psychologie und Anpassungsproblem*. Int. Ztsch. f. Psychoan., XXIV, 1939.

HARTMANN, H., KRIS, E., *The Genetic Approach in Psychoanalysis*. Psychoan. Study of the Child, I, New York, Int. Univ. Press, 1945.

HARTMANN, H., KRIS, E., LÖWENSTEIN, R., *Comments on the Formation of the Psychic Structure*. II. ebd., 1946.

HARTMANN, H., *Notes on the Theory of Aggression*. III/IV, ebd., 1949.

HETZER, H. & WOLF, K., *Baby Tests*. Ztschr. f. Psychologie, 107, 1928.

HETZER, H. & RIPIN, R., *Frühestes Lernen des Säuglings in der Ernährungssituation*. Ztschr. f. Psychologie, 118, 1930.

JENSEN, K., *Differential Reactions to Taste and Temperature Stimuli in Newborn Infants*. Genetic Psychology Monographs, 12, 1932.

KAILA, E., *Die Reaktionen des Säuglings auf das menschliche Gesicht*. Ann. Univ. Aboensis, XVII, 1932.

KARDINER, A., *The Individual and His Society*. New York, Columbia University Press (Alorese), 1945.

— *The Psychological Frontiers of Society*. New York, Columbia University Press (Alorese), 1945.

KEMPER, W. (1949), *Enuresis*. Suttgart, Klett, 1949.

— (1952), *Frühkindliche Erlebniswelt, Neurose und Psychose*, Psyche, Stuttgart, 1952.

KRIS, E., Discussion of L. S. Kubie, *Modern Concepts of the Organization of the Brain*. Psychoan. Quarterly, 22, 1953.

LALANDE, A., *Vocabulaire de la Philosophie*. Paris, Alcan, 1932.

LEBOVICI, S., *Notions nouvelles sur le développement du nourrisson dans ses répercussions psychologiques ultérieures*. La Semaine des Hôpitaux de Paris, XXVI, 1950.

LEBOVICI & DIATKINE, R., *Études des fantasmes chez l'enfant*. Revue française de psychoanalyse, VIII, I. 1954.

LEVINE, M. T. & BELL, A. I., *The treatment of Colic in Infancy by Use of the Pacifier*. J. of Pediatrics, 37, 1950.

LEVY, D., *Experiments on the Sucking Reflex and Social Behavior of Dogs*. Am. J. of Orthopsychiatry, 4, 1934.

— *Maternal Overprotection*. New York, Columbia Univ. Press, 1943.

LORENZ, K., *Der Kumpan in der Umwelt des Vogels*. J. f. Ornithologie, 83, 1935.

MAHLER, M., *Child Psychosis and Schizophrenia*. Psychoan. Study of the Child, VIII. New York, Int. Univ. Press, 1952.

MARETTE, F., *Psychoanalyse et pédiatrie*. Paris, A. Legrand, 1940.

MAUCO, G., *De l'inconscient à l'âme enfantine*. Paris, Edition Psyché, 1948.

MEAD, M., *Coming of Age in Samoa*. New York, W. MORROW, 1928.

— *Sex and Temperament*. New York, Morrow (Arapesh, Mundugumor), 1935.

MEAD, M. & McGREGOR, F. C., *Growth and Culture*. New York, G. P. Putnam's, 1951.

MORRIS, C., *Signs, Language and Behavior*. New York, Prentice Hall, 1946.

MURPHY, G., *Parapsychology* — Beitrag in: Encyclopedia of Psychology, red. von P. L. Harriman, New York, Philosophical Library, 1947.

— *Physical Research and Personality*. London, Proc. Soc. Psych. Research, 1949.

— *The Place of Parapsychology among the Sciences*. J. of Parapsychology, 13, 1949a.

130

Novikoff, A. B., *The Concept of Integrative Levels and Biology.* Science, 101, 1945.

Odier, Ch., *L'angoisse et la pensée magique.* Paris, Delachaux & Niestlé, 1947.

Pichon, E., *Le développement psychologique de l'enfant et de l'adolescent.* Paris, Masson, 1936.

Putnam, M. C., Rank, D., Pavenstadt, E., Andersen, A. N., Rawson, I., *Case Study of an Atypical Two-And-A-Half-Year-Old.* Am. J. Orthopsychiatry, 18, 1948.

Rambert, M., *La vie affective et morale de l'enfant.* Paris, Delachaux & Niestlé, 1945.

Redfield, R., *Tepoztlan: A Mexican Village.* Chicago, Chicago University Press, 1930.

Ribble, M. E., *Clinical Studies of Instinctive Reactions in Newborn Babies.* Am. J. Psychiatry, 95, 1938.

Robertson, J., *A Two-Year-Old Goes to Hospital.* Film: London, Tavistock Clinic, 1952.

Rosenthal, M. J., *A Psychosomatic Study of Infantile Eczema.* I. The Mother-Child Relationship. Pediatrics, 10, 1952.

— *Neuropsychiatrie Aspects of Infantile Eczema.* Arch. Neurology and Psychiatry, 70, 1953.

Scott, J. P., Marston, M. V., *Critical Periods Affecting the Development of Normal and Mal-Adjustive Social Behavior of Puppies.* J. Genet. Psychology, 77, 1950.

Shannon, C. E. & Weaver, W., *Mathematical Theory of Communication.* Urbana, Univ. of Illinois Press, 1949.

Simmel, G., *Soziologie: Untersuchungen über die Formen der Vergesellschaftung.* München & Leipzig, Duncker & Humblot, 1908.

Soto, R., *Porque en la Casa de Cuna no Hay Dispepsia Transitoria ?* Rev. Mex. de Puericultura, 8, 1937.

Spitz, R. A., *Frühkindliches Erlebnis und Erwachsenen-Kultur.* Imago, XXI, 1935.

— *Hospitalism.* Psychoanalytic Study of the Child, I, New York, Int. Univ. Press, 1945.

— *Diacritic and Coenesthetic Organization.* Psychoan. Rev., 32, 1945a.

— *Anaclitic Depression.* Psychoan. Study of the Child, II, New York, Int. Univ. Press, 1946.

— with the ass. Wolf, K. M., *The Smiling Response.* Genetic Psychol. Monographs, 34, 1946a.

— *Autoerotism,* Psychoan. Study of the Child, III/IV. New York, Int. Univ. Press, 1949.

— *La perte de la mère par le nourrisson.* Enfance, 1948.

— *Psychiatric Therapy in Infancy.* Am. J. of Orthopsych., 20, 1950.

— *Anxiety in Infancy.* Int. J. of Psychoanalysis, 31, 1950a.

— *Autorität und Onanie,* Psyche VI, 1952.

— *Aggression:* Its Role in the Establishment of Object Relations. Drives, Affect, Behavior, red. von R. Löwenstein, New York, Int. Univ. Press, 1953.

— *Anxiety:* Its Phenomenology in the First Year of Life. Film Studies of the Psychoanalytic ResearchProjection Problems of Infancy,New York,New York University Film Library, 1953a.

— *Shaping the Personality:* The Role of Mother-Child Relations in Infancy. Film ebd., 1953b.

— *A Note on the Extrapolation of Ethological Findings*: A reply to L. Szekely: Biological Remarks on Fears Originating in Early Childhood. Int. J. Psychoan. XXXVI, 1955.

— *Nein und Ja:* Die Ursprünge der menschlichen Kommunikation. Stuttgart, Ernst Klett, 1959.

Stern, M., *Pavor Nocturnus.* Int. J. Psychoan. XXXII, 1951.

Szekely, L., *Biological Remarks on Fears Originating in Early Childhood.* Int. J. Psychoan. XXXV, 1954.

Tinbergen, N., *Study of Instinct.* Oxford, Clarendon Press, 1951.

Wallon, H., *L'enfant turbulent.* Paris, Alcan, 1925.

Watson, F. B., *Behaviorism.* New York, W. W. Norton, 1924.

Weill, E. & Pehu, M., *Un syndrome gastrique particulier chez le nourrisson.* Lyon Med. Gaz. 95, 1900.

Windle, W. F., *Asphyxia Neonatarum.* Springfield, Ch. C. Thomas, 1950.

Zulliger H. *Bausteine zur Kinderpsychotherapie und Kindertiefenpsychologie,* Bern, H. Huber, 1957.

131

VERZEICHNIS DER ABBILDUNGEN UND TABELLEN